신약성서를 사회학적 전망에서 해석하는 오크만과 그의 글은 신약학자들 사이에서는 제법 알려졌다. 사회학적 해석의 큰 장점은 성서 본문을 구체적인 삶을 배경으로 이해하게 해주는 데 있다. 신학적인 고담준론이 생생한 삶의 언어로 들려온다. 주기도문에서 "죄"나 "잘못"으로 번역되는 그 단어는 본디 "빚"을 가리켰다. 오크만은 이 "빚"을 개인의 문제를 넘어서 정치경제 사회의 전반적인 차원에서 조망한다. 내게는 익숙한 그의 글과 해석 방식이지만 많은 분에게 낯선 것일 수 있다. 그러니 꼭 읽어보라. 찬반을 떠나이 책은 오늘날에도 성서를 두고 토론하며 우리 삶을 살필 기회를 준다. 더군다나 우리가 사는 "영끌"의 세상을 떠올리고 읽으면 흥미롭고 유익하다.

김학철 연세대학교 학부대학 교수

주기도문은 기독교 신앙과 그리스도인의 정체성에 초석과 같은 기도문이다. 하지만 주기도문의 역사적·문학적·언어적 배경인 1세기 팔레스타인 문맥을 빼고 주기도문을 이해하는 것은 어불성설이다. 상당한 전문가적 안목과 연구가 선결되어야 한다. 이 분야에 탁월한 전문적 지식과 식견을 갖춘 오크만 박사는 정치적·사회경제적 분석을 통해 주기도문의 의미를 산출한다. 그는 주기도문을 경제적이고 광범위한 사회적 함의들 가운데 진지하게 받아들이라고 강하게 도전한다. 그의 핵심적 논점과 주장을 다 수용하지 않더라도 우리가 처한 현대 자본주의의 전횡과 경제적 양극화를 염두에 두고 읽는다면 상당한 충격과 생각의 조정이 필요할지도 모른다. 적어도 가난하고 절망적인 경제 구조의 피해자들에게 새로운 희망을 주는 메시아 상을 보여주기 때문이다.

류호준 백석대학교 신학대학원 은퇴 교수

저자는 이 책에서 예수의 하나님 나라 운동이 빚 탕감을 선언하고 조세에 저항하는 혁명적이고 전복적인 운동이었음을 밝혀내고 있다. 예수의 하나 님 나라 운동은 빚진 사람들을 해방하여 자유롭고 평등한 공동체적 삶으로 초대하는 운동이었다는 것이다. 저자는 예수 시대 팔레스타인의 구체적인 사회경제적 상황과 관련하여 주기도문을 비롯한 신약성서 본문들을 분석함 으로써 1세기 갈릴리 농민들의 고단한 삶을 복원해내고, 예수의 하나님 나 라 운동이 구체적으로 어떠한 방식으로 그들에게 희망을 주었는지 보여준 다. 국가와 기업은 부유하지만, 많은 국민이 늘어나는 빚에 허덕이는 오늘 한국 사회의 그리스도인들이 이 책에서 희망을 발견할 수 있기를 바란다.

박경미 이화여자대학교 기독교학과 신약학 교수

저자가 핵심 구절로 강조하는 "하나님과 맘몬을 겸하여 섬길 수 없다"라는 말씀은 고대부터 지금까지 일관되게 이어진 비(非)-하나님 세계관(배금주의) 에 대한 폭로이자 경고다. 서문에서 저자는 요세푸스 및 랍비 문헌 증거 등 고대 사료를 언급하며 동시에 현대 사회의 경제적 상황에 대한 확실한 자료 를 제시함으로써 21세기 현재가 고대의 상황과 본질상 다를 바 없다는 점을 암시한다. 저자는 정확한 고증과 예리한 성서 주석을 통해서 주제를 입증한 다. 이 책은 로마 제국의 정책과 일반 서민의 현실 상황이 성서 본문에 밀접 하게 반영되어 있음을 보여준다. 따라서 성서는 지금 우리에게도 그대로 적 용될 수 있는 생생한 울림이 된다. 이 책은 큰 핵심적 주제를 입체적으로 설 명하는 모범적 사례로서 독자들의 사고의 지평을 크게 넓혀줄 것이다.

박찬웅 목원대학교 신학과 신약학 교수

이 책은 예수의 설교와 비유에 내재한 정치경제적 차원이 세밀하게 다뤄질 주제였지만 현재까지 충분히 고려되지 않았다고 평가한다. 동시에 예수의 교훈에는 1세기 농민들의 생존권을 파괴하는 빚의 문제가 저변에 깔려 있어 사회정치적 관점에서 심층적인 분석이 필요하다고 역설한다. "채무 불이행"(Default)이나 "유예 기간"(Moratorium)과 같은 경제적 한계 상황에 처한 팔레스타인의 농민들에게 들린 예수의 설교와 그가 가르친 "주의 기도"는 부자들의 특권과 비교할 때 더 명확해진다고 본 저자의 논지는 설득력이 크다. 저자는 조세 저항의 상징과 선동가로서 예수가 십자가에서 처형당했다고 주장하여, 부채 문제가 심각한 오늘의 세계에 새로운 해법을 찾도록 자극한다. 이 책은 정의와 공정의 산실로서 한국교회가 서야 할 정위치가 어디인지 그리고 설교자의 메시지가 무엇을 지향해야 하는지 알려주는 따뜻한 울림으로 독자들의 귀청을 때린다.

윤철원 서울신학대학교 신학대학원 신약학 교수

IMF 사태 이후 우리나라와 세계 각국은 10년 주기로 금융 위기를 겪으면서 탐욕을 매개로 번식하는 금융자본주의의 위력을 실감하며 가슴을 쓸어내려야 했다. 이 전 지구적 금융자본주의 체제의 본질은 은행 빚으로 미끼를 만들어 많은 사람을 "채무 노예"로 만들고 평생을 빚쟁이로 빚더미 아래 눌려 빚과 이자를 갚으며 살도록 포획하는 막무가내의 야수성에 있다. 지금도 부동산 광풍과 주식투자 열풍 속에 "묻지 마 빚투"의 추세 가운데 그 맘몬 권세는 꾸준히 힘을 쓰고 있다. 이 책은 이러한 빚 천지의 세상이 1세기 갈릴리 지역에서도 민중의 생명을 쥐락펴락하던 사회경제적 현실을 예리하게 포착하여 비판적 성찰의 촉수를 드리운다. 이를 위해 저자는 특히 종교적·영적 텍스트로 취급받아온 예수의 주기도문과 일부 비유, 어록을 당시 채무와 세금의 압제 아래 살던 구체적인 생명의 일상사를 배경으로 사회경제적인 맥락에서 기발하게 재조명한다. 그 특이한 해석의 초점은 결과적으로 예수의 유산을 신앙의 지침으로 삼아야 할 오늘날 우리에게 일용할 양식으로 감사하며 자족하는 "필요의 경제"와 맘몬의 고삐에 휘둘리며 무한증식을 외치는 "탐욕의 경제" 사이에 단호한 선택을 요구한다. 부익부 빈익빈의 양극화 체제가 완화되기는커녕 점점 더 악화되는 이즈음의 현실 속에 각자의 구조적 삶의 환경과 처지를 서늘하게 되돌아볼 겸 더 나은 창의적 대안을 모색할 겸 진지하게 읽고 깊이 새겨야 할 통찰이다.

차정식 한일장신대학교 신학과 교수

저자는 1세기 그리스-로마의 사회경제적 시스템의 지붕 아래 일상생활을 했던 팔레스타인 유대인들의 실존적 정황 안에서 예수의 삶과 기도를 재해석한다. 한마디로 땅의 사람들이 처했던 빚/부채의 사회적·정치적 함의야말로 역사적 예수께서 전한 일상의 기도와 하나님 나라 이해의 결정체라는 말이다. 예수의 사역/운동은 1세기 만연된 엘리트 위주의 사회경제적 구조에 대한 전복적이고도 혁명적 활동으로서 빚진 자와 굶주린 자 그리고 뒤집힌 정의에 신음하는 자를 위한 "복음 운동"이 된다. 저자의 사회경제적 모델과 상상력에 기초한 성서 읽기는 이 책의 기여와 한계의 양날과도 같다. 신약성서의 메시지를 "진공 속의 계시"로 읽고자 하는 독자에게 도전을 주고도 남는다. 21세기 신자본주의 욕망의 세상에서 나사렛 예수의 제자로 산다는 의미가 무엇일까 고민하는 독자라면—저자와의 입장 차이를 떠나—이 책과 함께 우리 일상의 경제 활동을 재고하지 않을 수 없다.

허주 아신대학교 신약학 교수, 한국복음주의신약학회 회장

학자들은 예수의 목표가 무엇이었는지를 지속적으로 분석해오고 있는데, 더글라스 오크만은 이런 분석 가운데서 가장 학문적이고 예언적인 목소리를 들려준다. 그는 우리가 가진 사회적 혹은 종교적 개념들을 내려놓고 복잡할 수도 있는 몇몇 문학적이고 역사적인 문제들을 통해 자신을 따라오도록 우리를 초대한다. 우리는 신의 용서와 하나님 나라에 관한 예수의 급진적인 믿음의 본질을 논의하는 알차고 개방적인 대화 속으로 들어가 그의 메시아 됨과 신성의 발전을 완전히 새로운 방식으로 이해하기 시작한다.

길다스 해멀 미국 캘리포니아 대학교 역사학 교수

신실한 개인적 확신을 가지고 기록한 이 책은 통찰력 넘치고 그래서 수많은 유익을 가져다주는 오크만의 정치적이며 사회경제적인 분석을 통해 가난한 자들에 대한 우선적인 관심이 역사적 예수가 보인 특별한 특징임을 확인해 준다.

데니스 C. 덜링 미국 카니시우스 대학교 신약학 교수

주의 기도가 기독교 신앙과 정체성을 형성하는 토대이지만, 최근 십여 년 동안 그 누구도 더글라스 오크만보다 그것의 원래 의미를 예수의 생애와 사역의 상황 안에서 탐구한 학자는 없다. 이러한 원래의 의미는 1세기 팔레스타인 세계에 대해 보이는 저자의 날카롭고 폭넓은 이해와 함께 가난한 사람들이 겪는 곤경에 대해 깊은 연민을 가진 그의 고무적이고 희망으로 가득한 표현으로 살아난다.…오크만은 우리가 살아가는 세상을 위해 주의 기도에 생명을 불어넣는다.

필립 F. 에슬러 영국 글로스터셔 대학교 신약학 교수

Jesus, Debt, and the Lord's Prayer

First-Century Debt and Jesus' Intentions

Douglas E. Oakman

더글라스 E. 오크만 지음 · 박흥용 옮김

주기도문과
채무 경제의 전복

사회경제적으로 본 예수의 기도 연구

PRAYER

새물결플러스

나의 사랑하는 손주들인

사라, 소피아, 사무엘, 코라에게 이 책을 바칩니다.

빛 주는 사람에게 빚진 자가 둘이 있어,

하나는 오백 데나리온을 빚졌고, 하나는 오십 데나리온을 빚졌는데,

갚을 것이 없으므로 둘 다 탕감하여 주었으니

둘 중에 누가 그를 더 사랑하겠느냐?

시몬이 대답하여 이르되,

"내 생각에는 많이 탕감함을 받은 자니이다."

이르시되, "네 판단이 옳다."

누가복음 7:41-43

목차

서문

표면적으로 볼 때 예수와 그의 기도는 복잡한 고대 경제(세금, 대출, 빚, 보증, 거래, 시장)와 거의 관련이 없어 보인다. 그러나 더글라스 오크만(Douglas Oakman)은—이 책뿐만 아니라 지난 삼십 년 동안 발표한 자신의 작품들에서—이러한 문제들이 예수가 무슨 일을 했는지, 그의 주된 관심사들이 무엇이었는지, 그의 말씀과 비유들에서 고지했던 문제들이 무엇이었는지를 이해하는 데 필요한 근본적인 사안들이었음을 보여준다.

오크만은 이 책에서 독자들로 하여금 1세기 농경 사회 안에서 살아가는 갈릴리와 유대 농민들을 괴롭혔던 경제적 문제에 관심을 기울이도록 이끈다. 부채와 땅의 상실, 과도한 세금은 농민들에게 감당하기 힘든 문제로 나타났고, (로마와 예루살렘, 티베리아스 그리고 다른 곳에 사는) 도시 엘리트들은 이런 사회 체계를 통해 엄청나게 큰 혜택을 누렸다. 오크만은 체계적인 구조와 역사적 사건들, 그리고 그 사건과 결부된 인물들에 관한 더 큰 그림의 세부 사항에서 시작해 예수가 그것들에 대해 반응하는 방식으로 능숙하게 옮겨간다.

우리의 서고에는 역사적 예수와 그의 말씀들을 연구한 오래된 책들과 새로운 책들로 빽빽한데, 나는 그중 몇 권은 매우 훌륭한 작품들이라고 생각한다. 하지만 거기서 발견한 것의 대부분은 고리타

분한 접근법을 약간 수정한 것에 불과하거나 경건하고 진부한 예수 이야기를 반복하는 것에 불과하다. 이 간결한 책에서 오크만은 주의 기도를 포함한 예수의 핵심 말씀의 일부를 1세기 갈릴리와 유대의 경제적 상황의 관점에서 새롭게 고찰한다.

우리가 빚이 함축하는 의미와 농민들과 도시 엘리트들 사이에 있는 엄청나게 큰 격차, 그 사회가 보여주는 세금의 과중한 의무들에 관해 진지하게 귀를 기울이고 이해한다면, 우리는 예수의 말씀이 그 말씀을 들었던 사람들에게 꽤 다르게 들릴 수 있었음을 알 수 있을 것이다.

예수는 경건하고 진부한 사실들을 가르쳤기 때문에 십자가 처형을 당한 것이 아니었다. 누가 그러한 가르침에 관심을 갖고 들었겠는가? 또한 그는 전통적인 이스라엘의 율법과 다른 것을 취했기 때문에 십자가 처형을 당한 것이 아니었다. 예수 당시와 이후의 많은 유대 교사들이 이런 사안들과 관련해서 커다란 의견 차이를 보였다. 그가 당대에 했던 말이 당시 상황에 근본적인 도전으로 인식되었고, 그것은 빚과 세금에 관한 언급들을 포함하고 있었기 때문에 그는 십자가 처형을 당했다.

오크만은 이 책에서 제시하는 자신의 견해가 예수 전승에 대한 결론이라고 주장하지 않는다. 하지만 그는 예수가 말해야 했던 것을 경제적이고 광범위한 사회적 함의들 가운데 진지하게 받아들이라는 도전을 제기한다. 나는 이 책을 읽은 뒤로는 복음서를 예전과 동일한 방식으로 읽을 수 없을 것 같다.

K. C. 핸슨

서언

만약 새로운 돈이 하찮은 생산자를 일단의 주인들로부터 해방시킨다
면, 그것은 돈이 일반적으로 그래왔던 것처럼 그 사람을 다른 이들에
게 넘겨주겠다고 위협하는 것과 크게 다르지 않다. 고리대금과 저당,
노예가 된 채무자들은 새로운 교환수단이 나타나는 곳이면 어디라도
뒤따라 생겨났다.

고든 차일드[1]

이 책의 내용은 예수의 역사에 나타나는 한 가지 중요한 주제와 관
련된다. 채무자가 감옥에 갇히는 것에 대해 이야기하는 Q의 언급
(눅 12:58-59)[2]과 누가복음에 나오는 두 명의 빚진 자 이야기나 불의
한 관리인 이야기, 마태복음에 나오는 용서하지 않은 종의 비유 또
는 "주의 기도"로 잘 알려진 예수의 기도는 그 밖의 다른 많은 자료
와 함께 예수가 빚을 진 동시대인들 때문에 물질적인 것에 크게 관
심을 기울였음을 제안한다. 특히 주의 기도는 농부들이 떠안고 있는
부채를 완화해주는 일이나 혹은 경감시켜주는 일에 직접적으로 관

---

1   Childe, *What Happened in History*, 202. 『인류의 사건들』(한길사 역간).
2   Q는 예수 말씀의 가장 이른 수집물을 말하며, 통상 누가복음의 장과 절로 인용한다.

심을 기울인다는 사실을 보여준다. 세리와 "죄인들"과 함께 먹는 것
에 관한 매우 이른 예수 전승에 대한 언급들은 채무자들이 받는 압
박을 완화하기 위한 목적으로 행한 활동을 반영한다.

바바타 기록물(Babatha Archives)과 힐렐의 **프로즈불**(prozbul of
Hillel)*에 대한 전승들 혹은 기원후 66년에 일어난 반란에 의해 예
루살렘 기록물이 불타버린 일은 로마 시대 유대에서 빚 때문에 발생
한 금융 대출과 사회 문제들의 의미에 대해 알려주는 예수 전승들과
관련된 외부 증거들을 제공한다.[3] 갈릴리와 관련해 요세푸스는 세포
리스의 왕실 은행과 기록물 보관소 그리고 로마에 대한 세포리스의
충성 때문에 대중들이 세포리스를 증오한 일에 대해 언급한다.[4] 로
마의 지배자는 채무 관계를 통해 사회를 통제하는 것을 강화하기 위
해 돈을 빌려주는 일과 지방 화폐를 사용하는 일을 장려했다. 부채
는 아마도 로마 군대보다 지방을 통제하는 일에 있어서 보다 효과적
이었을 것이다!

물론 현대인들도 부채에 대해 알고 있다. "신용카드"의 보급과

---

*   역주―랍비 힐렐(Hillel)이 제정한 반(反)희년법이다. 모세의 율법에 따르면 50년
        마다 종들을 해방시키고 채무자의 빚을 탕감해주며 노예를 풀어주고 저당잡았던
        땅을 원래의 주인에게 돌려주어야 하는데, 부자들이 이를 악용해 희년이 다가오면
        돈을 빌려주지 않았고, 이로 인해 가난한 사람들의 삶이 더욱 힘들어졌다. 힐렐은
        이런 폐단을 막고 부자가 어느 때나 가난한 사람들에게 돈을 빌려줄 수 있도록 하
        기 위해서 희년법을 시행하지 못하도록 하는 새로운 규정을 만들어 제시했는데, 이
        것이 힐렐의 **"프로즈불"**(*prozbul*)이다.
3   Goodman, "The First Jewish Revolt."
4   Josephus, *Life* 38-39; Fiency, *Christian Origins and the Ancient Economy*, 59-66에서
        는 광범위한 채무 상황에 대한 이런 묘사를 반박한다.

민간 은행의 자금 대출이 실제로 "돈"을 창출한다는 사실은 오늘날 그런 관계들에 대한 어느 정도의 통찰을 제공한다.[5]

미국 소비자 가계 부채 개요

> 평균 신용카드 부채: 15,191달러
>
> 평균 주택담보 대출 부채: 154,365달러
>
> 평균 학자금 대출 부채: 33,607달러

2014년 4월 현재 미국 소비자들이 진 빚

> 총 11조 6,800억 달러(전년보다 3.7% 증가)
>
> 신용카드 부채 8,542억 달러
>
> 주택담보 대출 부채 81,500억 달러
>
> 학자금 대출 111,300만 달러(전년보다 13.9% 증가)

이자를 받고 돈을 빌려주는 대출이 현대 자본주의에서 "성장"의 토대다. 그러나 국내외의 시장 자본주의는 조짐이 좋지 않은 불균형을 가져왔다. 옥스팜 인터내셔널(OxFam International, 세계적 빈곤과 싸우는 사람들의 연대 — 역주)은 최근에 다음과 같이 보고했다.

> 부가 집중되고 증가되는 규모로 볼 때, 기회 포착과 불평등한 정치적

---

5   Chen, "American Household Credit Card Debt Statistics: 2014"; 또한 Frizell,
     "American Are Taking on Debt at Scary High Rates"을 보라. 민간 은행을 통한 돈
     의 창출에 관해서는 Daly와 Cobb, *For the Common Good*, 407을 보라.

대의권(representation)은 대단히 우려스러운 상황을 보여준다. 예를 들어

· 전체 인구의 상위 1%가 세계 부의 거의 절반을 소유한다.
· 세계 1%에 해당하는 가장 부유한 사람들의 재산은 110조 달러에 달한다. 이는 세계 인구의 하위 절반이 소유한 부의 65배에 해당한다.
· 세계 인구의 하위 절반이 소유한 재산의 양은 세계에서 가장 부유한 85명이 소유한 재산의 양과 같다.
· 10명 중 7명이 최근 30년간 경제적 불평등이 증대되어온 나라에서 살고 있다.
· 가장 부유한 1%가 1980년과 2012년 사이에 확보한 자료에 나오는 26개 나라 중 24개 나라에서 소득을 증대했다.
· 미국에서는 가장 부유한 1%가 2009년 이후 금융 위기의 성장의 결과 중 95%를 취한 반면에 하위 90%는 더욱 가난해졌다.[6]

자본과 자본주의에 대한 토마 피케티(Thomas Piketty)의 최근 분석은 좌우 진영 양쪽에 동시에 파문을 일으켰다.

우리는 현대의 경제 성장과 지식의 확산 덕분에 마르크스적인 종말은 피해갈 수 있었지만, 자본과 불평등의 심층적인 구조가 바뀐 것은 아니었다. 적어도 제2차 세계대전 이후 낙관적이었던 수십 년 동안 상상

---

6   더 자세한 것은 OxFam, *Working for the Few*를 보라. 또한 D. Smith, *The Penguin State of the World Atlas*를 보라.

할 수 있었던 만큼의 변화는 일어나지 않았다. 자본의 수익률이 생산과 소득의 성장률을 넘어설 때 자본주의는 자의적이고 견딜 수 없는 불평등을 자동적으로 양산하게 된다. 19세기에 이런 상황이 벌어졌으며, 21세기도 그렇게 될 가능성이 상당히 높은 것으로 보인다. 이러한 불평등은 민주주의 사회의 토대를 이루는 능력주의의 가치들을 근본적으로 침식한다.[7]

교황 프란치스코도 최근 작성한 사도적 권고문인 "복음의 기쁨"(*Evangelii Gaudium*)에서 현대인들이 겪는 경제적 격차에 대해 윤리적 관심을 표명했다.

소수의 수입이 기하급수적으로 증가하고 있는 동안 행복한 소수가 누리는 번영에서 다수가 소외되는 격차 역시 기하급수적으로 확대되고 있다. 이러한 불균형은 시장의 절대적 자율성과 금융 투기를 옹호하는 이념의 결과다. 따라서 그들은 국가가 어떤 형태로든 공공의 이익을 위해 감시하고자 하는 국가의 통제권을 거부한다. 그로 인해 비가시적이고 종종 가상적인 새로운 폭군이 나타나 일방적으로 그리고 가차 없이 자신의 법과 규정을 강요한다. 또한 빚과 누적된 이자는 각국이 자국 경제의 잠재력을 실현하는 데 어려움을 겪게 하며 시민들이 실질적인 구매력을 향유할 수 없게 한다.[8]

---

7   Piketty, *Capital in the Twenty-first Century*, 1. 『21세기 자본』(글항아리 역간).
8   Pope Francis, *Apostolic Exhortation Evangelii Gaudium*, §56. 『복음의 기쁨』(BCK 역간).

데이비드 그레이버(David Graeber)는 최근에 부채 현상에 대한 중요한 역사적 고찰을 해왔다. 부채의 사회적 담보 대출은 종종 건설적인 것만큼이나 부정적이었다. 그레이버의 책에 나오는 다음의 내용이 특히 인상적이다.

> 수천 년 동안 부유한 이들과 가난한 이들의 투쟁은 대개 채권자와 채무자의 갈등으로 나타났다. 말하자면 이자 지급이나 채무 노예, 부채면제, 회수, 상환, 양들의 강제 몰수, 포도밭 압류, 채무자의 자식들을 노예로 파는 행위 등의 옳고 그름을 둘러싼 논쟁이 이어졌다는 뜻이다. 그 증거로 지난 5,000년 동안 민중 폭동이 놀라울 정도로 똑같은 방식으로 전개되었다는 사실이 제시될 수 있다. 반란자들은 시대와 장소를 불문하고 부채에 관한 기록을, 말하자면 서판이나 파피루스 등을 의식(儀式)을 치르듯 파괴했다. (그런 다음에 반란자들은 보통 토지 소유와 과세 기록을 찾아나선다.) 고대 그리스-로마 연구의 대가였던 모지스 핀리(Moses Finley)가 종종 말했듯이 고대 세계에 일어난 모든 혁명 운동은 단 하나의 구호, 즉 "빚을 탕감하고 토지를 재분배하라"는 요구에 초점이 맞춰졌다.[9]

따라서 나는 이 작은 책에서 이전에 발표했던 몇몇 논문들을 발전시켜 예수와 빚에 대해 좀 더 철저하게 고찰하고자 한다. 빚으로부터의 해방이라는 중요한 주제는 예수의 역사적 의미의 핵심에 가깝다.

---

9   Graeber, *Debt*, 8

그러나 또한 그 함축적 의미는 철저하게 신학적이며 기독론적이다. 구속의 복음은 단순히 다른 세계에서 이루어지는 키메라(사자의 머리에 염소 몸통에 뱀 꼬리를 단 그리스 신화 속 괴물로서 불가능한 생각을 의미한다—역주)가 아니다. 채무 노예를 구속하는 것은 성서의 주된 은유다. 아마도 독자들은 이 책에 실린 글을 강의실과 독서 모임에서 사용할 수 있을 것이며, 이 책을 통해 빚이 일상화되고 또 그것과 마찬가지로 상처 또한 일상화된 세상에서 일어날 일들을 생각하도록 도움을 받을 것이다. 결론적으로 예수는 "하나님과 맘몬을 섬길 수 없다"고 말했다.[10]

---

10   눅 16:13[Q]. 맘몬은 대출금이나 재화를 쌓아놓은 보고(宝庫)처럼 물질적인 안전을 위해 신뢰하는 부를 언급한다. 눅 12:16-20을 보라.

감사의 말

1장을 제외한 이후의 장들은 이전에 출간된 논문들의 개정판들이며 출판사의 허락을 받아 게재되었다. 나와 위프앤스톡(Wipf and Stock) 출판사는 논문을 게재할 수 있도록 허락해준 출판사들의 협력에 감사한다.

2장 "예수와 팔레스타인 농경 사회: 빚의 요인"은 *Society of Biblical Literature 1985 Seminar Papers,* ed. Kent Harold Richards (Atlanta: Scholar, 1985), 57-73에서 처음 출간되었고, Douglas E. Oakman, *Jesus and the Peasants*(Eugene, OR.: Cascade Books, 2008), 11-32에도 나오며, 이 책에 실린 형태는 Oakman, *Jesus and the Peasants,* 33-39에서 처음 출간된 "Jesus and the Problem of Debt"의 내용을 포함한다.

3장 "사회적 관점으로 바라본 주의 기도"는 *Authenticating the Words of Jesus,* eds. Bruce Chilton과 Craig A, Evans, *New Testament Tools and Studies* 28/1(Leiden: Brill, 1999), 137-86에서 처음 출간되었고, Oakman, *Jesus and the Peasants,* 119-249에도 나온다.

4장 "조세 저항자 예수"는 Oakman, *Jesus and the Peasants,* 280-97에서 처음 출간되었다.

결론은 "Biblical Economics in an Age of Greed," *Market and*

Margins: Lutheran Perspectives, ed. Wanda Deifelt(Minneapolis: Lutheran University Press, 2014), 82-97에서 처음 출간된 단락들을 수정 없이 그 대로 사용한다.

약어표

Ant.	Josephus, *Antiquities of the Judeans*
b.	Babylonian Talmud
BAGD	W. Bauer, W. F. Arndt, F. W. Gingrich, and F. W. Danker, *A Greek-English Lexicon of the New Testament and Other Christian Literature*
BCE	Before the Common Era
BDB	F. Brown, S. R. Driver, C. A. Briggs, *Hebrew English Lexicon of the Old Testament*
BDF	F. Blass, A. Debrunner and R. W. Funk, *A Greek Grammar of the New Testament and Other Early Christian Literature*
Cant. Rab.	*Canticles Rabbah*
CD	Damascus Document
CE	Common Era
CIL	*Corpus Inscriptionum Latinarum*
Eccl. Rab.	*Ecclesiastes Rabbah*
Exod. Rab.	*Exodus Rabbah*
Ezek. Trag.	*Ezekiel the Tragedian*
Gen. Rab.	*Genesis Rabbah*
GThom	*Gospel of Thomas*
L	the material unique to the Gospel of Luke
Lam. Rab.	*Lamentations Rabbah*
LCL	Loeb Classical Library
Lev. Rab.	*Leviticus Rabbah*
Life	Josephus, *The Life*

LSJ	H. G. Liddell, R. Scott, H. S. Jones, *A Greek-English Lexicon with a Supplement*
m.	*Mishnah*
M	the material unique to the Gospel of Matthew
NRSV	New Revised Standard Version
Num. Rab.	*Numbers Rabbah*
par.	parallel passages in other Synoptic Gospels
OGIS	*Orientis Graeci Inscriptiones Selectae*
Q	Sayings Gospel, a literary source of Matthew and Luke
Q1	the earliest layer of Q — Wisdom Q
Q2	the second layer of Q — Deuteronomic Q
RSV	Revised Standard Version
Ruth Rab.	*Ruth Rabbah*
SEHHW	Rostovtzeff, *The Social and Economic History of the Hellenistic World*
SEHRW	Rostovtzeff, *The Social and Economic History of the Roman World*
Spec. Laws	Philo, *Special Laws*
Str.-B.	H. L. Strack와 P. Billerbeck, *Kommentar zum Neuen Testament aus Talmud und Midrasch*
War	Josephus, *The Judean War*
y.	Jerusalem Talmud

제1장

서론:
두 개의 나라, 하나의 식탁 —
정치적 관점으로 바라본 예수

기원후 1세기에 두 개의 나라가 나사렛 예수와 관련된다.[1] 역사적으로 볼 때 예수는 하나님 나라를 선포했다. 또 사후에 그는 자신의 추종자들을 위해서 자신의 나라, 즉 예수 그리스도의 영원한 나라에 들어갔을 것이다. 이 두 개의 나라는 예수가 펼친 역사적 활동의 의미와 기독교의 정치적 정서(ethos)와 관련해서 의미가 매우 달랐다.

세 폭 제단화(triptych), 즉 예수와 그의 의미를 세 개의 화폭에 담은 그림을 상상해보라! 이런 유형의 미술작품은 종종 교회에서 발견되고 때로는 대학 도서관이나 박물관의 회랑에 걸려 있다. 그림 1.1에 나오는 첫 번째 화폭, 즉 우편에 있는 그림은 하나님 나라의 모습과 관련된 것으로 예수가 결핍을 겪는 사람들, 특히 병들고 먹을 것이 없는 사람들을 돌보고 동정을 베푸는 것을 보여준다. 좌편에 있는 두 번째 화폭은 예수 그리스도의 영원한 나라의 모습과 관련된 것으로 기독교의 발전 과정에서 예수의 정치에 무슨 일이 일어났는지를 보여준다. 마지막으로, 중앙에 있는 세 번째 화폭은 우리의 관심을 예수의 항구적인 식탁과 정치적 비전에 집중시킨다.

---

1   이번 장의 내용은 강의에서 사용한 자료에서 가져온 것이다. 나는 이것을 2012년 워싱턴 타코마(Tacoma)에 있는 루터란 대학교(Lutheran University)에서 열린 루터 연구 콘퍼런스에서 "What Has God to Do with Caesar? Lutheran Perspectives on Political Life"라는 제목으로 처음 발표했고, 그 후 2014년 3월 오하이오 그랜빌(Granville)에 있는 데니슨 대학교(Danison University)의 에드거 굿스피드(Edgar Goodspeed) 석좌 강의에서도 발표했다.

첫 번째 화폭

예수는 초대 로마 황제인 카이사르 아우구스투스가 통치하던 시기 (기원전 27-기원후 14년)이자 로마의 피후견인(client) 통치자인 헤롯 대왕의 통치 시기(기원전 37-4년)인 로마 원수정 초기에 태어났다. 그는 극적인 정치적 변화, 즉 주변 지역이 로마의 정치적·경제적 세력권에 통합되고, 이후 동부 지역이 도시화되며, 로마 엘리트들이 실행한 후원(patronage) 정치가 확대되고, 농업 경제와 관련된 것들이 상업화되는 변화에 압박을 받는 농경 사회 안으로 들어갔다.

그림 1.1: 첫 번째 화폭

하나님 나라와 예수
† 예수의 비천한 기원
† 평민, 농부, 사교적인 인물
† 권능을 중개하는 그의 활동
† 생활 정치, 치유, 식사
† 헤롯의 통치 아래 있는 갈릴리: 로마의 후원 정치, 상업화, 도시화
† 생활 정치: 다섯 개의 빵과 두 마리의 물고기
† 예수의 농경 신학, 권능의 현존
† 조세 저항, 채무 면제, 로마 질서의 위반, 위험한 일
누가복음 14:27(Q1, 예수의 가장 초기 단계의 말씀들): "누구든지 자기 십자가를 지고 나를 따르지 않는 자는 내 제자가 될 수 없다."
†(사회적) 강도로서의 십자가 처형
마가복음 15:27: "강도 둘을 예수와 함께 십자가에 못 박으니 하나는 그의 우편에, 하나는 좌편에 있었다."

비평적인 학자들은 예수가 갈릴리 나사렛에서 태어난 것은 거의 확실하다고 분명하게 주장한다. 나사렛은 갈릴리의 수도였던 세포리스

에 가까운 매우 작은 촌락이었다. 가장 초기의 증인인 바울은 역사적 예수의 생애에 대해 거의 아무 말도 하지 않고, 단지 "여자에게서 태어나고 율법 아래서 태어났다"(갈 4:4)고 말한다.[2] 마가복음 6장은 나사렛이 예수의 고향이라는 사실을 암시하며, 마태복음 21:11과 요한복음 1:45 역시 동일하게 말한다. 예수에 관한 가장 초기 자료인 말씀 복음서 Q는 그의 기원에 관해 그 어떤 것도 말하지 않는다.

나아가 확실한 친자 관계(마리아의 아들! 막 6:3)가 확보되지 않은 농민 예수의 탄생과 농민 기술공으로 이리저리 떠도는 그의 삶은 동시대인들의 관점에서 볼 때 그가 매우 낮은 사회적 지위와 명예 등급을 가지고 있었음을 의미한다. 실제로 예수의 불명예스러운 출생과 죽음은 사도들과 복음서 저자들에게 중대한 도전이 되었다. 사회적 지위와 명예를 높이기 위해 예수를 이스라엘의 예언과 확고하게 연결시키고, 족보를 창안하며, 변증적인 수난 이야기를 기록해야만 했던 사도들과 복음서 저자들 말이다. 바울은 갈라디아서 3:13에서 이 문제를 분명히 보여준다. 로마의 십자가는 초기 그리스도인들에게 예수에 대한 저주스러운 기억이었으며 정치적 부담이었다. 바울은 신학적으로 예수가 땅에서 저주받은 사람과 완전히 동일하다고 보았고, 또 하나님께서 예수를 죽은 사람 가운데서 살리셔서 그의 무죄를 입증했다고 선포했다. 예수와 그리스도를 동일시하는 이런 가장 초기의 관점은 하나님이 예수의 명예를 신원했다는 생각에 토대를 두고 있다.

---

2   이 책에 있는 성서 구절은 거의 NRSV를 따르며, 종종 저자 본인의 번역을 사용하기도 한다(이 책에서는 한글 "개역개정판"을 기초로 하며, 이 책의 저자가 강조하고자 하는 의미를 살리기 위해 역자의 사역을 사용하기도 한다―역주).

그렇지만 예수는 철저하게 평민이었다. 또 평민으로서의 그의 정체성과 평민들—어부, 농부, 매춘부, 귀신에 사로잡힌 자, 사회적 소외자—에 대한 그의 공감은 하찮은 사람들에 대한 그의 거대한 동정심의 표현이었던 것 같다. 그가 권능, 즉 가진 것이 없는 이들을 위해 하나님 나라를 중개하거나 중재하는 것을 의미하는 치유와 식사 활동을 시작한 것도 그들 때문이었다. 그러나 그는 이런 일을 하기 위해 가진 자들의 환심을 사는 일에 매우 능숙했고, 그의 비유는 그의 폭넓은 경험(아마도 일을 할 수 있는 곳으로 여행하면서 얻을 수 있는 사회적 경험)이나 가진 자들과 함께 식사하기 위해 초대받는 그의 솜씨를 보여준다. 삭개오는 예수의 식사와 "가진 것이 없는 사람들"에 대한 그의 축복을 모두 회상하게 해주는 전형적인 인물이고 그래서 허구이긴 할지라도, 그는 후에 농사와 관련된 세금에서 취했던 것을 돌려주도록 요구받았다.

　　여기서 진술하는 "예수의 정치"는 모든 농민이 매일 그리고 매해 생존하는 것에 대해 염려하며, 그런 생존에 대한 위협을 능숙하게 처리하는 것과 관련된다. 농민들은 언제나 땅에서 일하며 거기서 생산한 것들을 소비한다. 그렇다면 농민은 누구인가? 현관문을 열고, 마당과 들판에서 일 년 내내 먹을 음식이 공급되는 것을 기대하는 사람이다. 추수는 쉽지 않을 것이고, 농민 가족 전체가 매일, 매해 반복되는 일에 참여할 것이다. 자기 소유의 땅을 이용하는 것이 허락되지 않는 잉여의 성인 농민 자녀들은 건축업이나 어업 같은 생산직에 "고용"되거나 종사할 것이다. 산업화 이전의 환경에서는 식량을 저장해 두는 것이 어렵고, 그래서 안정된 생계를 유지하기가 쉽지 않다. 성서 전승들을 통해 잘 알 수 있듯이, 가뭄이나 전염병 같은 자연재해들이 일반적이었지만, 그것 못지않게 중요한 것은 사회적 착취 관계였다.

도시화와 농경 사회의 상업화는 농민들을 크게 압박했다. 대규모의 토지를 소유한 부재지주들은 전통적인 농민들을 소작농으로 전락시키거나 아예 땅 자체를 경작할 수 없게 만들었다. 상업화는 농민 가족이 하루 혹은 일 년 동안 먹어야 할 식량을 충분히 공급해주지 못할 정도의 농산물을 생산하게 했다.

복음서에 나오는 다섯 개의 빵과 물고기 두 마리는 한 가족이 하루를 생존하는 데 필요한 음식에 해당한다.[3] 대부분 엘리트들인 세금징수원들은 농민들의 잉여금에서 자신들의 몫을 취한다. 대규모 토지를 통제하는 부재지주들은 촌락의 상황에 직접 관여하지 않는다. 세금과 임대료는 지불할 수 없는 그야말로 명목상의 부채가 되어버린다. 시간이 갈수록 생계는 불안정해진다. 예수의 정치적 활동이 고지되는 것은 바로 이런 환경이었다. 예수의 정치적 관심사에 관해 이야기할 수 있는 최고의 근거인 그의 수많은 비유에서 맞닥뜨리는 것은 바로 이런 환경이었다.

얼마나 오랫동안 그랬는지 말할 수 없지만, 예수가 세례 요한의 운동에 한동안 참여했다는 사실은 거의 확실하다. 예수가 요한에게 세례를 받았다는 것 역시 의심할 여지가 없다. 그러나 복음서들은 예수와 요한의 세례 운동이 불편한 관계에 있었음을 보여준다. 예수는 심판의 하나님과 세상의 종말에 대한 요한의 비전을 거부하고 일

---

3   Hamel, *Poverty and Charity*, 39을 보라

반적인 사회관계 속에서 사는 것을 바랐다. 예수의 하나님은 요한의 하나님과 반대로 자비롭고 긍휼을 풍성하게 베푸는 존재였다. 농민 신학과 예수가 가슴에 품고 있었던 농민의 가치들은 즉각적이고 구체적이었다. 예수는 다시 기능공으로 돌아가 세포리스, 티베리아스, 가버나움, 예루살렘, 빌립보 가이사랴, 데가볼리의 도시들, 페니키아 해안 지대 같이 중요한 건축 프로그램이 진행되는 곳을 여행했다. 복음서들은 이 여행을 "종교 사역"으로 제시하지만, 이것은 다시 환원되어야 한다. 예수는 그 여행 과정에서 사회적으로 매우 사교적이며 훌륭한 연결자였음을 보여주었다(예수의 비유들이 이를 입증한다). 그는 가진 자와 갖지 못한 자 사이를 "중개하기" 시작했다. 우리는 이런 행위가 마가복음 5장에 나오는 회당장 야이로의 딸 치유나 누가복음 7장에 나오는 예수와 바리새인 시몬의 식사와 그 도시에 사는 여인에 관한 누가의 진술 같은 이야기들에 반영되어 있음을 알 수 있다. 예수의 자기 이해는 하나님의 권능을 중개하는 것이 연약한 자를 치유하고 삶의 필요들을 재분배한다는 개념을 수용하게 했다. 예수는 분명히 이런 활동 혹은 중개하는 일을 식탁과 연결했고 이런 행위를 이스라엘의 해방 이야기, 즉 굶주린 모든 사람이 와서 먹을 수 있도록 초대하는 유월절 식사와 결부시켰다. 결국 그는 "내가 만일 하나님의 손을 힘입어 귀신을 쫓아낸다면[출애굽을 함축하는 것], 하나님의 나라가 이미 너희에게 임하였느니라"(눅 11:20)고 말했다. 나아가 그의 정치적 가치들은 일용할 빵과 빚의 면제, 채권자에게만 봉사했던 법정으로부터의 구원을 요청하는 그의 기도의 두 번째 부분에서 표현되었다.

어떤 점에서 예수는 세금징수원들 및 빚진 자들("죄인들")과 함께 식사하면서 세금과 임대료의 면제를 촉진하기 시작했다. 권능(항상 현재하는 하나님 나라)이 땅에서 필요한 재화들에 대한 위대한 통치권(rights of eminent domain)을 부여했다고 주장하면서 말이다. 적극적인 조세 저항은 예수가 열망했던 효과적인 치유와 식사를 나타냈다. 예수가 하나의 예시로 제시한 이른바 불의한 청지기에 관한 이야기는 이런 은밀한 행위를 표면화한다. 이런 행위는 아마도 가룟 유다 같은 정보원들을 통해 권세자들에게 알려졌고, 그로 인해 예수는 달아났다. 그는 공공장소에서 무사했지만, 로마에 바치는 세금을 납부하는 일에 대해 질문을 받았을 때는 그 의도를 숨겼다. 2세기 초 로마의 법률 전문가였던 율리우스 파울루스(Julius Paulus)는 새로운 로마 질서인 아우구스투스의 평화 혹은 로마의 평화(*Pax Romana*)를 방해한 결과를 다음과 같이 말한다. "폭동과 소요를 교사하거나 백성을 선동하는 사람들은 사회 계급에 따라 십자가 처형을 당하거나 야생 짐승들에게 던져지거나 섬으로 추방될 것이다." 또한 더욱 분명하게 말할 수 있는 것은 누구든지 "금화나 은화를 위조하거나 황제의 얼굴이 새겨진 동전을 문지르고 녹이고 긁어내고 망치고 불순물을 섞거나 그것을 받아들이기를 거부한다면…그가 우월한 지위에 있는 사람일 경우에 섬으로 추방되고, 열등한 지위를 가진 사람일 경우 광산 노역형이나 극형을 받는다. 만약 노예가 죄를 범한 후에 도망갔다면 십자가 처형을 당할 것이다."[4]

---

4   Julius Paulus, *Opinions* 5.22.1; 5.25.1. Scott, *The Civil Law*를 보라.

예수의 가장 초기 말씀 중 하나는 이런 정치적인 중개 행위, 즉 권능의 이름으로 가진 자와 갖지 못한 자들을 중개하는 행위의 위험성을 감안한다. 우리는 예수의 죽음을 언급하지 않는 말씀 자료 Q에 보존된 말씀 안에서 예수의 정치적인 활동의 가장 중요한 쟁점을 발견한다. 곧 예수가 다음과 같이 말했다. "자기 십자가를 지고 나를 따르지 않는 자는 내 제자가 될 수 없다." 마가복음에 따르면 예수는 두 명의 강도 사이에서 십자가 처형을 당했다. 그리고 엘리트들의 눈에 그는 일개 도둑에 지나지 않았다.

두 번째 화폭

이제 그림 1.2에 있는 화폭을 살펴보자. 십자가가 수치스러운 것이라는 사실은 이미 언급한 바 있다. 바울이 쓴 빌립보서에 보존된 매우 초기의 찬가에 이것에 대한 기억이 분명하게 표현되었다. "[예수는] 스스로 수치를 당하며 죽기까지 복종하였으니 곧 십자가에 죽음이라." 이 초기의 그리스도 찬가는 지금 예수의 정치적 활동이 어떻게 권능, 즉 하나님 나라 이름으로 기억되었는지를 추적하고 있는 우리에게 흥미를 불러일으킨다. 요컨대 초기 기독교의 기억은 예수의 정치적인 활동에 대한 지식, 곧 로마 질서의 관점에서 볼 때 당연히 십자가 처형을 당할 수밖에 없는 예수의 역사적 활동에 대한 지식을 억압했으며 그 정치적 기억을 예수의 성육신에 대한 극적인 이야기, 즉 자기 비움 혹은 케노시스(*kenōsis*)와 그런 자기 비하 이후에 자신의 영원한 나라를 취하기 위해 고양되었다는 이야기로 대체했다. 얄궂게도 이 영원한 나라는 농경 사회의 중앙집권적인 권력과 조세의 필요를 충족시키기 위해 왔고, 그 결과 니케아 신조와 콘스탄티노플 신조가 지배하는 시대의 콘스탄티누스의 명령이 한 가지 중요한 측면에서 예수에 대한 기억을 배신했을 것이다. 어떻게 이런 일이 일어났으며, 그리고 우리는 어떻게 그것을 알 수 있을까?

그림 1.2: 두 번째 화폭

예수의 영원한 왕국
✵ 십자가의 수치(갈 3:13; 빌 2:8) ✵ 빌립보서에 나오는 바울의 그리스도 찬가와 보다 이후에 저술된 골로새서의 찬가 ✵ 소 플리니우스(Pliny the Younger)와 타키투스(Tacitus)의 정보 ✵ (예수의 역사적인 정치와 동일한 사안들은 아니지만) 정치적 책임과 관련된 것으로서 그리스도인이라는 명칭(*nomen Christianus*) ✵ 고등 기독론이 긴급하게 나타나게 된 요인들, 로마 황제 예배와 정치적인 충성의 경쟁 ✵ 예수의 선재, 아버지 하나님과 동일함, 영원한 나라의 중요성 ✵ 밀비우스 다리에서의 막센티우스(Maxentius)의 패배 이전의 콘스탄티누스의 IHS("그대는 이 증표[태양 안에 있는 십자가] 안에서 승리하리라"[*in hoc signo vinces*]); 또한 키-로(Chi-Roh) 표식(✵) ✵ 콘스탄티누스의 신흥 기독교 제국의 정치적 정당화의 요소인 니케아/콘스탄티노플 신조: 이것은 농경 사회의 착취적인 조세 제도에 저항했던 예수의 정치를 배신한 것이다.

유럽(마케도니아)에 거주하던 그리스도 추종자 집단을 위해 썼고, 예루살렘이 아니라면 시리아 안디옥의 사상을 반영하는 빌립보서에 기록된 바울 시대의 그리스도 찬가와 골로새서에 보존된 후기 그리스도 찬가를 서로 비교하는 것은 매우 유용한 일이다. 골로새서는

소아시아 혹은 고대 터키의 후기 상황들을 알려주기 위해 바울의 이름으로 기록한 편지다.

빌립보서 2:5-11의 그리스도 찬가 (유럽)	골로새서 1:13-20의 그리스도 찬가 (소아시아)
예수 그리스도는 비록 ① **하나님의 형상(형체) 안에 있지만, ② 하나님과 같이 됨(하나님과 동등하게 됨)을 취할 것으로 여기지 않고,** 자신을 비워 종의 형체를 취하여 사람의 모습으로 태어났다. 또한 인간의 형체로 나타나 자기를 낮추고 죽기까지 복종하였으니, 곧 십자가에서 죽었다. 그러므로 ③ **하나님이 그를 지극히 높여 모든 이름 위에 뛰어난 이름을 그에게 주었고,** 그 결과 하늘에 있는 자들과 땅에 있는 자들과 땅 아래에 있는 자들을 예수 앞에 모두 무릎 꿇게 하고, 모든 입으로 예수 그리스도를 주라고 고백하여 하나님 아버지께 영광을 돌리게 했다.	그가 우리를 어둠의 권세에서 구원해 내어 ③ **그의 사랑하는 아들의 나라**로 옮겼으니 그 아들 안에서 우리가 구속, 곧 죄사함을 받았다. 그는 ① **보이지 않는 하나님의 형상이며, 모든 피조물보다 먼저 태어난 자다.** 이는 하늘과 땅에 있는 모든 것들, 즉 보이는 것과 보이지 않는 모든 것들 혹은 왕위에 앉은 자들이나 주권자들이나 통치자들이나 권세자들이 그 안에서 그를 통해 또 그를 위해 창조되었기 때문이다. 그는 모든 것들보다 먼저 있었고 모든 것이 그 안에 함께 있다. 이는 하늘과 땅에 있는 모든 것들, 즉 보이는 것과 보이지 않는 모든 것들 혹은 왕위에 앉은 자들이나 주권자들이나 통치자들이나 권세자들이 그 안에서 그를 통해 또 그를 위해 창조되었기 때문이다. 그는 모든 것들보다 먼저 있었고 모든 것이 그 안에 함께 있다. 그는 몸인 교회의 머리다. 그는 시작, 즉 죽은 자들 가운데서 먼저 난 자로서 천하 만물의 으뜸이 되었다. 이는 ② **그 안에 하나님의 모든 충만함을 거하게 하고,** 하나님이 그를 통해 땅 위에서든지 하늘에서든지 그의 십자가의 피로 평화를 이루어서 만물이 자기와 화해하는 것을 기뻐했다.
① ② ③은 이것보다 이전의 찬가(기원후 55년)에 빠져 있다. 예수는 새로운 아담으로 하나님이 본래 원했던 대로 완벽한 인간이고(창 1:26-27; 고전 15:21-22, 45-49; 롬 5:15-19; 8:20), ② 아담의 길(창 3:5)을 취하지 않은 인간이며, ③ 결국 새 창조 때에 가장 높은 영예를 얻을 인간이다. 그 나라는 여전히 하나님 나라로 남아 있다. 또한 고전 15:3-8, 20-28; 롬 1:3-4을 보라.	

<table>
<tr><td></td><td>① ② ③은 기독론 안에서 발전된 것들이다(기원후 100년): ① 요 1:1-3; 고전 8:6; 15:20-21; 계 1:5과 비교하라. ② 골 2:9; 딛 2:13; 벧후 1:1; 에베소에 쓴 이그나티오스 서신 18:2; ③ 엡 5:5; 딤후 4:1, 18; 벧후 1:11.</td></tr>
</table>

로마/사도신경 (서방 교회, 기원후 200년)	니케아/콘스탄티노플 신조(동방 교회, 기원후 325년[니케아] & 기원후 451년[칼케돈])
① 선재하고 창조적인 역할이 언급되지 않고, 그리스도 예수 그의 유일한 아들 우리 주라고 언급된다.	유일하신 주 예수 그리스도
② 하나님 아버지와 동일한 존재라는 사실이 언급되지 않는다. 성령과 처녀 마리아로부터 태어나고, 본디오 빌라도 아래서 십자가 처형을 당해 장사되고, 사흘 만에 죽은 자들 가운데서 다시 살아나고, 하늘에 올라가, 아버지의 우편에 앉아 있다가 언젠가 살아있는 자들과 죽은 자들을 심판하러 올 것이다.	① ② 모든 시대 이전부터 계신 아버지로부터 나오고, 빛으로부터 말미암은 빛이며, 참된 하나님으로부터 말미암은 참된 하나님이고, 창조되지 않았으며, 아버지와 동일한 존재이고, 만물이 그를 통해 존재하게 된 하나님의 유일한 아들, 그는 우리 인간들 때문에 그리고 우리의 구원 때문에, 하늘에서 내려와 성령과 처녀 마리아에게서 성육신하여 인간이 되었고, 본디오 빌라도 아래서 우리를 위해 십자가 처형을 당해 고통을 겪고 장사되었으며, 사흘째 되던 날 성서에 따라 다시 일어나 하늘에 올라 아버지 우편에 앉아 있다가, 살아 있는 자들과 죽은 자들을 심판하기 위해 영광 가운데 다시 올 것이다.
③ 예수의 영원한 왕국에 대한 언급이 없다.	③ 그의 나라가 영원할 것이다.

이 두 개의 찬가는 적어도 세 가지 점에서 중요한 차이점을 보인다. 첫 번째, 골로새서의 찬가는 예수의 선재성을 주장한다. "모든 피조물보다 먼저 태어난 자이고(이 구절은 아타나시오스와 니케아에서 문제로 삼았던 구절이다), 모든 것이 그 안에서 창조되었다." 두 번째, 골로새서 1장은 "[하나님의] 사랑하는 아들의 나라"를 말한다. 세 번째, 골로새서는 "육체를 가진 예수 그리스도 안에 내재된 신성"이라는 두 개의 분리된 장소에 대해 말한다(골 1:19; 2:9). 빌립보서의 찬가에는 선재성에 대한 언급이 없고, 예수의 고양된 지위는 단지 "모든 이름 위에 뛰어난 이름"을 가진 새로운 아담의 지위 즉 **퀴리오스** 혹은 주이며, 예수의 나라에 대한 어떤 언급도 없다(실제로 고전 15:20-20은 예수가 오직 자신의 피후견인을 하나님의 영원한 나라로 데려오는 중개자 역할을 한다는 점을 분명히 한다). 조금 후에 다루겠지만, 흥미롭게도 이 세 가지 차이점은 유럽이나 로마 사도들의 신조와 아시아나 니케아/콘스탄티노플 신조에서도 유지된다.

　　예수가 로마 세계의 십자가에서 죽었다는 사실에 대한 당혹감은 기억에서 쉽게 사라지지 않았고 얼버무릴 수도 없었다. 동로마 세계는 바울이 한 일을 잘 알고 있었고, 이 죽음이 로마인들이 고안해낼 수 있는 가장 수치스러운 죽음임을 잘 알고 있었다. 신약성서의 수난설화에 그런 당혹감이 감돌기 시작해 이야기를 덧칠했다. 빌라도가 손을 씻은 것과 피의 대가를 유대인에게 돌리는 마태복음의 이야기나 백부장이 십자가 아래서 예수가 무죄하다고 선언한 누가복음의 내용 또는 예수를 풀어주고자 하는 빌라도의 시도에 대한 요한복음의 내용만을 생각해도 이런 사실을 알 수 있다. 요한계시록의 저자는 예수의 참된 추종자들이 그를 증거하는 일에 충성하기를 원한다면 로마에 맞서 "죽음으로 증거해야" 한다고 믿는다. 예수에 대한 충성은 로마에 대한 불충을 의미한다. 2세기 초에 소 플리니우스가 비밀리에 모여 식사를 하면서 그리스도를 신처럼 찬양하는 그리스도인들을 어떻게 처리해야 할지를 묻기 위해 트라야누스 황제에게 쓴 글은 유명하다(*Epistles* 10.96). 또한 그 명칭에 대한 의심이 로마의 역사학자 수에토니우스(Suetonius)와 타키투스(Tacitus)에게서 나타난다. 특히 타키투스의 글은 눈여겨볼 만하다.

> 이 명칭은 티베리우스 황제 통치 시기에 우리의 행정관 중 한 명이었던 본디오 빌라도에 의해 극형을 당했던 그리스도에게서 기원하고, 이 치명적인 미신은 잠시 통제되는가 싶더니 다시 그 악이 처음 발생했던 유대 지역에서 그 모습을 드러냈을 뿐만 아니라 세상 모든 곳으로부터 흉측하고 수치스러운 것들이 흘러들어온 그 도시(로마-역주)에서도 볼 수 있었고 또 횡행했다.[5]

2세기에 그리스도인이라는 명칭은 반역과 관련이 있었다. 제의적 상황에서 황제에게 향을 피우는 것을 포함한 충성 시험은 유스티누스(Justin)와 폴리카르포스(Polycarp) 같은 순교자들의 상황에 의해 입증된다. 하지만 기독교는 조세를 거부하거나 부채 면제를 옹호하는 것으로 언급되지 않았다. 실제로 베드로전서와 목회 서신들은 황제

---

5   Tacitus, *Annals* 15.44.4. 『타키투스의 연대기』(범우 역간).

를 포함한 권세자들에게 경의를 표하라고 촉구하며, (아마도 바울 서신의 편집자가 1세기 말에 로마서에 삽입한 것으로 간주되는) 로마서 13:1-7은 권세자들을 존중하고 세금을 납부하라고 권고한다. 또한 마태복음 17:27은 기원후 70년 유대 성전이 파괴된 이후 베스파시아누스 황제가 로마에 유피테르 신전을 세우기 위해 거둔 예루살렘 성전 세금인 유대인 세금(Fiscus Judicus) 납부에 동참하라고 명하는 것처럼 보인다.

이 이야기는 기독교 신조의 출현과 맞물려 계속된다. 정치적 주제와 어울리는 한 가지 주목할 만한 발전이 이미 개략적으로 알려졌다. 예수의 관심은 틀림없이 하나님 나라와 관련된다. 불트만이 언급했던 것처럼 예수 사후에는 선포자가 선포의 대상이 되었다.[6] 바울과 말씀 자료 Q 그리고 마가는 이 선포의 가장 초기 이해를 간직하고 있다. 그것은 유대 종말론을 해석하는 장치와 얽혀 있다. 곧 예수는 하나님의 최종적인 통치가 이 땅에 도래하도록 하는 메시아로 이해되었다. 최근 예수 학자들이 주장하는 것처럼 그의 역사적 활동은 이스라엘을 갱신하는 운동으로 묘사되었다. 그는 열두 제자를 불러 모았고, 자신을 메시아로 인식했으며, 도래하는 새 시대를 위해서 죽음으로 나아갔다. (이러한 발전을 보여주는 가장 이른 자료들인) 바울과 Q 그리고 마가의 사상 세계는 모두 유대 종말론에 의해 형성되었고, 예수는 세 자료 모두에서 심판하고 자기 자신의 나라를 선포하기 위해 다시 돌아오는 자로 나온다. 이 세 개의 자료 중 어느 것도

---

6   Bultmann, *Theology of the New Testament*, 1:33. 『신약성서신학』(성광문화사 역간).

예수가 역사적 무대에 등장하기 전에 어디에 있었는지에 관한 사실은 전혀 언급하지 않는다.

이것은 기원후 66-70년에 있었던 유대-로마 전쟁까지 예수의 신학적 의미를 해석하는 지배적인 방식이다. 다른 하나의 방식은 바울과 요한 전통에 서 있는 그리스-로마 도시들에서 기인한 것으로 여겨지는데, 이것은 이방인 혹은 비유대인들이 더 이해하기 쉬운 방식으로 예수에 대한 이해를 형성하기 시작한다. 여기서 주목할 점은 하나님의 아들인 예수가 그분의 독생자라는 믿음과 그가 단순히 인간 메시아가 아니라 지금 하나님의 본성을 공유하고 성육신했다는 분명한 믿음의 출현일 것이다.

이러한 발전은 로마 시대 아시아와 고대 터키에서 형성된 1세기 신약성서 자료들에서 가장 잘 나타난다. 그리고 그것은 이후 몇 세기 동안 이그나티오스(Ignatius)와 유스티누스, 이레나이우스(Irenaeus) 같은 사람들에 의해 전달되었다. 예수에 대한 그들의 생각은 로마 시대 아시아에 있는 교회들에 의해서 대부분 형성되었다. 골로새서와 요한복음이 예수의 선재와 창조에서의 그의 역할 그리고 하나님의 독생자라는 그의 고유한 지위를 주장하는 것은 정확하게 기원후 100년경에 로마 제국의 아시아 속주들에서 일어나기 때문이다. 제롬 네이리(Jerome Neyrey)는 1세기 중반 기독교에서 "신성"이 세상을 심판하는 마지막 권능을 포함할 뿐만 아니라 세상을 창조하는 최초의 권능도 포함한다고 주장했다.[7] 그렇다면 이런 의미에서

---

7   Neyrey, "My Lord and My God"; Neyrey, *Render to God.*

요한계시록을 기록한 예언자 요한의 사상 세계는 단지 변화의 과정에 있는 것이며, 이는 골로새서와 요한복음에서 꽤 분명하게 나타난다. 비록 예수가 알파와 오메가일지 모르지만, 예수의 선재는 요한계시록에서 분명하게 진술되지 않는 반면, 세상을 심판하는 그의 역할은 요한계시록 19-20장에서 분명하게 진술된다. 게다가 요한계시록 4장의 하나님을 찬양하는 내용에서 하나님의 창조하는 권능이 직접적으로 언급된다. "우리 주 하나님이여, 영광과 존귀와 권능을 받으시기에 합당하오니 주께서 만물을 지으신지라. 만물이 주의 뜻대로 있었고 또 지으심을 받았나이다"(계 4:11).

그렇다면 이 선재적인 창조의 권능이 어떻게 부활한 이후의 예수와 연결되었을까? 예수는 어떻게 바울이 말한 새 아담과 새 창조의 주(빌립보서의 그리스도 찬가)에서 신성을 지니고 자신의 영원한 나라를 가진 창조자 예수 그리스도(골로새서의 그리스도 찬가)로 옮겨졌을까? 그리고 이것이 어떻게 콘스탄티누스 시대의 발전이 있기 전까지 수 세기 동안 기독교 전통에서 작동할 수 있었을까? 또 루터의 질문처럼 이 두 나라는 우리에게 어떤 의미가 있는가?

마지막으로 중심화폭으로 관심을 돌리기 전에 두 번째 화폭에서 볼 수 있는 최소한 두 개의 중요한 사항이 있다. 첫 번째 중요한 사항은 로마 시대 아시아 도시들에서 매우 현저했던 로마 제국의 제의와 고등 기독론의 발전의 관계다. 두 번째 중요한 사항은 예수의 신격화에 대한 초기 기독교 신조들의 저항이다.

전통적인 로마 사회의 "도덕적 감성"(*mos maiorum*)이 인간 통치자에게 왕권과 신적인 명예를 부여하는 것을 거부했지만, 카이사르

아우구스투스는 로마 엘리트들 사이에서 "동등한 사람 중 첫 번째
인 자"(*primus inter pares*, 원수)라는 황제의 역할을 맡는 것에 꽤나 행
복해했고, 동쪽에서 로마와 황제 숭배를 허용하는 것에서도 동일하
게 행복해했다. (기원전 약 9세기) 로마 시대 아시아에 있는 프리에네
(Priene)에서 발견된 한 비문은 다음과 같이 진술한다.

> 만물을 다스리고 우리의 삶에 깊은 관심을 가진 섭리가 인간을 유익
> 하게 하는 덕으로 충만한 아우구스투스를 우리에게 주어 가장 완벽한
> 질서를 이루었다. 그것은 우리와 우리 후손 모두를 위해 그를 구세주
> 로 보내어 그를 통해 전쟁을 끝내고 만물을 정리했기 때문이다. 또 (우
> 리의 예상을 완전히 뛰어넘는) 용모를 지닌 카이사르가 이전에 존재
> 했던 모든 시혜자를 능가했고, 심지어 후세에 그 어떤 존재도 그가 행
> 했던 일들을 뛰어넘으리라는 그 어떤 희망도 가질 수 없게 했기 때문
> 이다. 또한 신으로 태어난 아우구스투스의 탄생은 그로 말미암아 임
> 하게 될 온 세상을 위한 좋은 소식들의 시작이었기 때문이다.[8]

카이사르의 업적들은 그에게 이러한 명예를 안겨줄 만하지만, 그리
스인들이 어떤 신을 찬양하는 것처럼 그를 찬양하는 노래를 부르는
것은 다음 단계의 일이었다. 우리는 비문들을 통해서 로마와 카이사
르 숭배가 페르가몬(Pergamum)과 수많은 아시아 지역에서 행해졌다
는 사실과 서방의 특별한 합창단, 즉 로마의 서쪽 아시아에서 이런

---

8   Finn의 번역이다.

찬양을 헌신적으로 불렀다는 사실을 안다. 이들 합창단이 충성에 대한 모범적인 표현들이었기 때문에 카이사르는 합창단을 지원하는 자원들을 제공했다. 종교는 제국의 정치에 꽤나 잘 봉사했고, 그래서 감사한 일이었다!

우리가 요한계시록에서 보는 찬양들은 황제 제의의 관점에서 의미가 더해진다. 그 찬양들은 충성의 경쟁과 후견인들(patrons)의 경쟁을 나타내기 때문이다. 이런 상황에서 골로새서의 그리스도 찬가는 물론 "태초에 말씀이 계시니라. 이 말씀이 하나님과 함께 계셨으니 이 말씀은 곧 하나님이시니라.…만물이 말씀으로 말미암아 생겨났고…말씀이 육체가 되었다"라는 요한복음 1장의 유사한 말씀이 형성되었다. 실제로 골로새서의 가정 규범들은 베드로전서와 디모데전서처럼 정치 권세자들에게 존경을 표해야 한다는 사실을 언급하지 않는다. 또한 골로새서 2:15은 그리스도가 "통치자들과 권세들을 무력하게 하여 구경거리로 삼고 그들을 이겼다"라고 하는, 정치적으로 반향을 불러일으키는 진술을 한다.

하지만 초기 기독교 신조들은 고등 기독론이 쉽게 채택되지 않았음을 보여준다. 이것은 일정 정도 예수가 단지 인간으로만 여겨졌던 2세기의 견해 때문이거나 창조주 하나님이 예수의 아버지라는 사실을 부인하려는 노력 때문이었다. 그러나 이런 생각들은 예수를 제국의 정치 영역으로부터 멀리 떨어뜨려 놓았다. 로마 가톨릭교회 진영에서 받아들이는 시리아-팔레스타인과 북아프리카, 로마 신조들은 세 개의 주요 차이점들을 보여주는 골로새서 찬가를 수 세기 동안 거부했다. 다음과 같은 (사도신경의 기초인) 로마 신조의 두 번째 조항은 교훈적이다.

> 나는 그의 독생자 우리 주 예수 그리스도를 믿습니다. 그는 성령으로
> 말미암아 마리아에게서 나시고, 본디오 빌라도 통치 아래서 십자가에
> 못 박혀 장사되었다가 사흘 만에 죽은 자들 가운데서 다시 살아나셨
> 고, 하늘로 올라가 아버지 우편에 앉아 계시다가 살아 있는 자와 죽은
> 자를 심판하기 위해 오실 것입니다.[9]

예수의 선재성과 하나님의 신적 본질의 공유, 영원한 왕국에 대한
그 어떤 주장이나 자세한 진술이 없다는 사실을 주목하라. 잘 알려
진 것처럼 아리우스(Arius)는 예수를 창조된 말씀 혹은 로고스로 이
해하지만, 옛 전통에 따라 "그가 존재하지 않았던 때가 있었다"고
말했다. 정치적 해결을 위해 시간이 필요했던 것이다!

기원후 325년에 니케아 신조가 등장하면서 비로소 예수의 선
재성과 아버지와 동일본질로서의 예수와 하나님 간의 관계에 대한
진술이 나타난다. 1세기가 조금 지난 후 칼케돈(Chalcedon)에서 마지
막 부분이 추가되었다. 예수가 "아버지 우편에 앉아 계시다가, 살아
있는 자들과 죽은 자들을 심판하기 위해 영광 가운데 다시 오실 것
이며, 그의 나라가 영원할 것입니다."[10]

제국 권력이 후원한 이런 신조의 주장들은 예수에 관한 기독교

---

9   Kelly, *Early Christian Creeds*, 102.
10   앞의 책, 216, 297.

신앙의 보편적 전통에서 이루어진 극적인 혁신들이었다. 정치적 관점으로 볼 때, 그것들은 특히 제국 권력에 의해 환영받는 발전이었다. 니케아 회의의 소집자는 결국 밀비우스 다리에서 막센티우스를 물리치기 전에 하늘에서 십자가를 보았던 콘스탄티누스였다. 예수라는 이름의 그리스어 약어이자 "이 표로 너가 승리할 것이다"는 의미를 가진 라틴어 *in hoc signo*의 약자인 IHS는 여기서 유래했다(Eusebius, *Life of Constantine* 1.28). 또한 콘스탄티노플을 중심으로 한 자신의 새로운 제국의 방벽으로 기독교를 합법화한 사람도 콘스탄티누스였다. 나아가 예수의 비천한 역사적 여정과 세리와 죄인들을 위해 권능을 중개하는 정치적 활동을 무시하며, 자신과 신적인 정당화가 이루어진 독생자를 연합시킬 수 있었던 자도 콘스탄티누스였다. 이것은 예수에 대한 최고의 정치적 배신이었다. 권능의 이름으로 빚과 조세에 반대했던 사람이 이제 신흥 기독교 제국에서 조세를 정당화하기 위해 협력하는 자가 되어버렸다. 왕 그리스도, 우주의 지배자 그리스도는 십자가를 떠나 최고 존엄인 황제의 오른편에서 통치한다!

중앙 화폭

이제 교회의 제단 위와 대학의 도서관 혹은 박물관의 갤러리에 놓여 있는 세 폭짜리 그림의 중앙 화폭으로 관심을 돌려보자(그림 1.3). 우리는 두 개의 상징, 곧 하나의 식탁과 손을 들고 있는 한 인물(*Orans* 또는 *Orante*)을 볼 수 있다. 그 인물이 다음과 같이 말한다. "이것을 행함으로 나를 기념하라." 역사적 사실일지는 모르겠지만, 그는 자신의 마지막 식탁에 앉았을 때 유월절 빵과 포도주의 의미를 완전히 파악했다. 그가 그것들을 이해했던 것처럼 그것들이 그의 가장 중요한 의미이며 목적이었고, 아마도 그는 식탁에 둘러앉은 사람들과 함께 권능을 발동했다.

> 만유의 주이시며 빵과 포도 열매를 제공하시는 분,
>
> 오, 주 우리 하나님, 당신은 복이 되십니다.

예수는 기도하면서 다시 한번 일용할 빵이 주어지고, 빚이 면제되며, 채무 불이행으로 법정에 서지 않게 해달라고 요청했다. 그가 종종 말했던 것처럼 유월절 식사의 첫 마디에 다음과 같이 말했다.

> 이것은 우리 조상들이 이집트 땅에서 먹었던 가난의 빵입니다.
>
> 굶주린 이들이 모두 들어가 먹게 해주십시오.
>
> 올해 우리는 유배당했지만, 내년에는 자유로워질 것입니다.[11]

Q 서기들은 예수의 말을 기록한 첫 글귀에서 예수의 전형적인 진술을 상기했다. 너희 가난한 자들은 얼마나 영예로운가? 너희 굶주린 자들은 얼마나 영예로운가? 애통하는 자들은 얼마나 영예로운가? 치유하고 공급하는 권능이 가까이 있으니 말이다.

---

11   유월절 축제를 여는 첫 번째 문장에 대한 Glatzer의 번역이다.

그림 1.3: 중앙 화폭

주님의 눈물 교회의 비잔틴티 양식의 성전 바닥

("평화"를 의미하는 그리스 단어가 새겨진) **기도하는 사람**

오늘 우리에게 일용할 빵을 주소서!
우리에게 빚진 자의 빚을 우리가 면제해준 것처럼,
우리의 빚을 면제해주소서!
악한 채권자의 법정에서 우리를 구원하소서!

따라서 기독교 기억의 중심에는 제단이 아닌 식탁, 희생제물이 아닌 식사, 정치적 신격화가 아닌 자비를 구하는 청원과 현세의 약속이 있다. 중앙 화폭 안에서 우리는 계속해서 제단을 식탁으로 변형하도록 요청받는다. 식탁에는 가진 자와 갖지 못한 자를 중재하는 권능자 예수가 실제로 현존한다. 그의 정치는 사유 재산이 아니라 재산의 재분배에 관한 것이었고, 맘몬이 아니라 상호 공유에 관한 것이었으며, 마지막으로 지금 여기에서의 삶의 충만함에 관한 것이었다.

사실 예수의 정치적 목표들은 여전히 신중하고 심사숙고해야 하는 문제다. 그것들은 1세기 갈릴리에 한정되지도 않고, 역사의 쓰레기통으로 구겨 넣을 필요도 없다. 그것들은 권능에 대한 반응이었고, 동일한 권능이 여전히 뒤에 서서 모든 것에 힘을 불어넣어 주었다. 예수와 권능의 완전한 동일시는 예수가 하나님의 독생자로서 권능에 흡수되도록 했다. 기독교 전통과 교회에서 권능은 유리잔을 통해 희미하게 비친다. 그것은 복음이 선포되고 성만찬이 거행되는 곳에 현존한다. 그러나 권능은 교회에 국한되지도 않고, 현대 정치학이나 교회와 국가의 분리를 철폐할 필요도 없다. 그러나 그것은 핵심 세력, 즉 새로운 맘몬 시대의 금권 정치인들에게 도전하는데, 그들의 정치와 상업은 세계적인 일들을 위해 로마의 평화보다 훨씬 더 파괴적이고 처참하게 될 것이다. 예수가 호숫가에서 말했던 "너희는 하나님과 맘몬을 섬길 수 없다"는 것은 여전히 진리다. 인도적인 미래에 대한 공동의 비전을 위해 세계를 가로지르는 힘과 부의 엄청난 불평등을 바로잡아야 하는 절실한 필요가 여전히 존재한다. 예수의 정치적 목표들은 마음을 닫

아버린 채 그 갈릴리 사람의 말을 받아들이지 않는 오늘날 기독교 국
가의 정치 엘리트들에게 다시 한번 은혜를 베푸는 권능의 현존 안에
서 치유와 잔치의 창조적인 방법들에 대한 영감을 불어넣어 줄 것이
다.[12]

---

12   Oakman, *The Political Aims of Jesus*, 138.

제2장

예수와 팔레스타인 농경 사회:
빚의 요인

만성적인 부채는 보통 고대 농민들에게 재앙을 의미했다. 부채는 한 해 농산물을 저당 잡히게 했고, 생산자의 생산 결정 통제권을 박탈했으며, 생산자의 식량 안전을 위태롭게 했다. 이번 장은 개념적 모델들과 비교 자료들의 도움을 받아서 초기 로마 팔레스타인의 빚의 사회적 역학 관계를 탐구한다. 다시 말해 예수의 역사적 행위는 그가 반복적인 부채로 인해 저당 잡혀 살았던 당대 사람들에게 지대한 관심을 기울였음을 보여주는 표현임을 논증할 것이다.

과거에 대한 연구에서 개념적 모델들을 이용하는 것의 가치는 알려진 것으로 알려지지 않은 것을 조명하는 것, 즉 현대 연구자가 사물 혹은 사건들이 그렇게 존재했음이 틀림없다고 생각하는 것에 기초하여 그것들이 어떻게 존재했는지를 검증하는 데 있다. 모델들은 연구자의 가정과 판단들을 명료하게 하고, 보다 적절하지 않은 해석들을 제거하기 위한 노력을 통해 증거 조각들 사이의 연관성을 추적하도록 돕는다. 또한 그것들은 모자이크처럼 큰 그림을 구성하는 것에 도움을 준다. 이런 방식의 역사 연구는 해석적인 "점진적 접근법"(successive approximations)의 역사가 된다.[1]

마찬가지로 비교 연구는 정확성을 더하며, 역사가가 이 과제를 위해 던지는 질문의 종류에 초점을 맞춘다. 사회과학적 연구를 다양한 방식으로 적용하는 것은 과거의 특별한 양상들에 대해 보다 적절한 해석에 기여할 수 있다.

---

1   Carney의 *The Shape of the Past*는 이러한 접근에 많은 영향력을 끼쳐왔다. 이번 장은 원래 SBL 세미나 발표 자료로 준비되었고, 나의 선행 논문인 *Jesus and the Economic Questions of His Day*로 출간되었다.

고대 세계의 빚에 대한 예비적 고려 사항들

예수의 수많은 동료 이스라엘인들은 ("빌린 돈"뿐만 아니라 세금과 공납, 십일조, 각종 종교 헌금, 토지 임대료를 포함한) 과중한 빚을 지고 노동에 시달리고 있었다.[2] 빚 문제는 농경민, 즉 1세기 팔레스타인의 농경지 소유 계층과 이런저런 이유로 소작농이나 임금 노동자가 될 수밖에 없었던 사람들 사이의 관계의 질을 악화시켰다. 빚은 부자들은 점점 더 부유해지고 가난한 사람들은 점점 더 가난하게 만드는 주요 요인 이었다. 유대와 갈릴리 농민들은 빚으로 말미암아 조상으로부터 물려받은 땅의 소유권을 빼앗길 수 있었고, 또 실제로 빼앗겼다. 채권자의 "권리"는 모든 사람의 안녕을 해치는 담보물을 요구하는 매정한 이기주의를 보여주는 것이었다.

빚은 항상 의존과 (아마도 바로잡을 수 없는) 복종 관계에 대한 형식적인 표현이었다. 그리스-로마 전통과 이스라엘 전통 안에 있는 호혜성과 사회적 동등성에 관한 사상이 공동체 내에서 보다 "수평적인" 관계를 소망하게 했지만, 실제로는 권력과 부의 불균형이 더 자주 지배와 종속의 "수직적" 관계로 이끌었다. 이런 이유로 인해 "빚의 면제"와 "토지의 재분배"는 고대 혁명 운동들 안에서 제기된 가장 일반적인 요구였다.[3]

그리스인들에게 가장 근본적인 빚은 자신의 부모가 진 빚이었

---

2   von Kippenberg, *Religion und Klassenbidung*; Theissen, *Sociology*; Freyne, *Galilee from Alexander the Great to Hadrian*.

3   de Ste. Croix, *The Class Struggle*, 298, 307, 357, 609 각주 55, 611 각주 14.

다. 플라톤은 이에 대해 다음과 같이 말한다.

다음은 살아 있는 부모의 명예인데 현재 우리가 목격하는 것처럼 우리는 한 사람이 소유한 모든 것은 그를 낳아서 기른 자들에게 속했다는 것을 생각하면서, 모든 빚 중에서 가장 우선되고 가장 크며 가장 오래된 빚을 갚아야 하네.[4]

아리스토텔레스 역시 이런 근본적인 빚에 대해 말한다.

아버지가 아들을 방기하는 것은 가능해도, 아들이 아버지를 방기하는 것은 불가능해 보이는 이유도 아마 여기에 있는 것 같다. 채무자는 당연히 빚을 갚아야 하는데 아들은 자신이 받은 혜택에 상응하는 그 어떤 것도 행한 적이 없어 항상 채무자로 남을 것이기 때문이다.[5]

나아가 아리스토텔레스는 『니코마코스 윤리학』에서 상호호혜성이 우정에 있어서 얼마나 본질적인지와 호의에 보답하는 것(그래서 빚을 진 상태에 머물러 있지 않은 것)이 더 좋은 것인지 혹은 상환할 수 없는 어떤 것을 받는 것이 더 좋은 것인지에 대해 숙고한다.[6]

빚의 사회정치적 측면은 페리클레스(Pericles)의 말을 인용한 투키디데스(Thucydides)의 글에서 잘 드러난다.

---

4   Plato, *Laws* 4.717; 다른 고대 그리스 자료를 위해서는 Hauck, "Ὀφείλω"를 보라.
5   Aristotle, *Nicomachean Ethics* 8.14, 1163b19. 『니코마코스 윤리학』(길 역간).
6   앞의 책, 8.13, 1162a34-1163a23; 9.2, 1165a3.

우리(아테네인들)는 관대함에 있어서 모두 동등하게 뛰어납니다. 우리는 호의를 받는 것에 의해서가 아니라 호의를 베풀면서 친구들을 얻습니다. 물론 호의를 베푸는 자가 그 두 사람 중에서 더 확고하게 신뢰를 받을 만한 자입니다. 그는 다른 이에게 받은 호의를 잃지 않으려고 지속해서 친절을 베풀기 때문에 점점 더 신뢰를 받지만, 호의를 받은 이는 자신이 되돌려줘야 하는 호의를 자유로운 선물이 아니라 갚아야 하는 보상으로 생각하기 때문에 덜 신뢰를 받습니다.[7]

로마인들의 편에서 빚의 수직적이고 정치적인 실재들은 꽤 분명하다. 키케로(Cicero)는 다른 사람들에게 (정치적으로 유용한) 혜택을 부여하기 위해 재산을 몰수했다고 술라(Lucius Cornelius Sulla)와 카이사르(Caesar)를 비판한다. 키케로에게 이런 의미의 "후함"은 정의로운 것이 아니다.[8] 플루타르코스(Plutarch)는 카이사르가 자신의 정치적 입장과 의제를 유지하기 위한 목적 때문에 어떻게 막대한 빚을 지게 되었는지에 대해 말한다.[9]

　이런 맥락에서 후견제도(clientage)라는 주제가 전반적으로 언급될 필요가 있다. 공화정 후기와 제정 초기에 정치적 연결망들은 정치적 호의와 대출 혹은 다른 사회적 재화들을 수여함으로써 구축되고 유지되며 파괴되었다. 예컨대 이것은 헤롯(Herod) 같은 로마의 피

7　Thucydides, *Peloponnesian War* 2.40.2 『펠로폰네소스 전쟁사』(숲 역간).

8　Cicero, *De officiis* 1.43; 2.84. 『키케로의 의무론』(서광사 역간).

9　Plutarch, *Caesar* 5. Finley는 *The Ancient Economy*, 53-54, 143, 187 각주 47, 55에서 이런 종류의 정치학에 대해 논한다.

후견인 귀족들의 업무들에서 잘 나타난다. 몇 가지 예를 들자면, 안티파트로스(Antipater)는 미트리다테스(Mithridates)의 조치들을 지원하기 위해 소규모 병력을 제공함으로써 이집트에서 재빨리 카이사르와 우정을 쌓았다. 이것은 안티파트로스에게 큰 명예를 안겨주었다(즉 카이사르는 안티파트로스가 감당해야 할 의무를 면제하고 그를 피보호자로 삼았다).[10] 헤롯은 로도스(Rhodes)에서 옥타비아누스(Octavian)에게 자신을 소개했을 때, 자신이 안토니우스(Antony)를 지지한다는 사실을 숨길 수 없었다.[11] 헤롯은 평소처럼 대담하게 안토니우스에 대한 이전의 충성심을 새로운 지도자를 위한 잠재적인 자산으로 내세웠다. 옥타비아누스는 이런 호소를 호의적으로 받아들였다. "우정을 충실하게 주장하는 승리자는 정복민을 통치할 자격이 있다."[12]

만약 빚이 고대 그리스-로마 사회에서 때때로 우정 관계를 형성하거나 정치적 관계들을 강화하는 것이었다면, 그것은 "하찮은 사람들"에게는 대개는 인정사정없는 강제나 억압이었다.

부유한 이들과 가난한 이들의 진정한 차이는 안전과 관련이 있었다. 부유한 이들은 어려운 시기가 닥치면 낮은 품질의 육류와 보리, 콩을 얻을 수 있어서 충분히 안전성을 확보했다. 그들은 더 크고 군사적으로도 더 안전한 상점들에 접근하거나 그것들을 소유할 수 있었다. 반대로 가난한 이들의 주된 특징은 보리와 (가치가 떨어진 품질의) 콩류

---

10 Josephus, *War* 1.187, 193-94 그리고 199 참조. 『유대 전쟁사』(나남출판 역간).
11 앞의 책, 1.386 이하
12 앞의 책, 1.391.

그리고 야생 식물에 너무 의존적이어서 재앙이 닥쳤을 때 죽음에 직면한다는 데 있다. 미드라쉬는 다음과 같이 간결하게 표현한다. "살찐 사람은 야위지만, 마른 사람은 죽는다."[13]

빚은 경제 구조의 항구적인 특징이었다.···토지 소유자의 관점에서 볼 때, 빚이 존재한다는 것은 그가 자신의 소작농들로부터 정확한 양을 거두어들이고 있다는 표시였다.[14]

빚의 폐지는 박탈당한 사람들의 혁명 구호로 자주 등장하게 되었고 대개 토지 재분배의 요구가 수반되었다.[15]

예수가 태어나기 전 1세기 반 동안에 알려진 티베리우스 그라쿠스(Tiberius Gracchus), 아리스토니쿠스(Aristonicus), 루쿨루스(Lucullus)의 사례들은 빚이 사회적으로 파괴적인 영향을 끼친다는 증거뿐만 아니라 로마의 제국적이며 착취적인 농경 정책들을 모조리 전복하거나 벗어나기 위해 시도한 증거도 제공한다. 티베리우스는 포에니 전쟁과 부유한 사람들의 손아귀에 있는 수많은 땅에 의해 오랫동안 부담을 떠안았던 로마 농민들의 쇠퇴를 목격했고, 그들의

---

13 Hamel, *Poverty and Charity*, 55.
14 앞의 책, 156-57.
15 Rostovtzeff, *SEHRE*, 1장을 보라; 또한 de Ste. Croix, *The Class Struggle*, 298, 608-9 각주 55(아리스토텔레스, 플라톤, 플루타르코스 그리고 다른 사람들에 대한 인용)을 보라; Austin과 Vidal-Naquet, *Economic and Social History of Ancient Greece*는 4세기에 이르기까지의 그리스의 발전과 몇 가지 중요한 구절의 번역에 대한 유용한 논의를 한다; Brunt, *Social Conflict* 74 이하는 후기 공화정 시대의 농경 문제를 다룬다.

이전 소유주들에게 몰수당한 땅들을 회복하기 위해 고안된 농경법을 통과시켰다.[16]

그리고 이런 티베리우스는 살해당했다. 그의 목표들은 그의 형제인 가이우스(Gaius)에 의해 계속해서 추진되었지만 궁극적인 성공은 거두지 못했다. 로마의 사회 질서는 다시 옛날처럼 지주 귀족의 지배 아래서 움직였다. 티베리우스의 죽음(기원전 133년)과 거의 동시에 아탈루스 3세(Attalus Ⅲ)는 로마에 자신의 왕국을 물려주었다. 마지막 분쟁이 해결되기 전에 아리스토니쿠스(Aristonicus)의 지휘 아래서 규모가 큰 "노예" 반란이 일어났다(기원전 132-129년).[17] 스트라보(Strabo)와 디오도루스 시쿨루스(Diodorus Siculus)에 따르면, 이 반란은 명백하게 유토피아적인 목표, 곧 평등한 국가의 토대를 세우는 것을 목표로 삼았다. 소아시아의 그리스 왕국들은 농업에 종사하는 자국 백성들을 최대한 착취했다. 로마는 그리스 왕국들이 반란군들에게 보여주었던 것과 유사한 정책들을 따를 것으로 예상될 수 있었다. 반란군들은 더 이상 잃을 것이 없었고, 반란을 통해 얻는 것이 전부였다.

플루타르코스는 아리스토니쿠스와 티베리우스 그라쿠스의 목표들을 스토아 철학자 블로시우스(Blossius)와 연결함으로써 이 반란의 농업적 측면을 분명히 했다. 자유는 단지 재산상의 평등한 합의에 의해서만 보장되었다.[18] 페르가몬의 비문(OGIS 338)은 반란에 참

16　Plutarch, *Tiberius Gracchus* 13; Brunt, *Social Conflict*, 78-80을 참조하라.

17　노예들뿐만 아니라 농노들과 도시 프롤레타리아를 포함한 이 반란의 사회적 범위에 관해서는 Rostovtzeff, *SEHHW*, 2:757, 807-11을 보라.

18　수십 년 후 미트리다테스의 반란 행위들은 명백하게 아르스토니쿠스의 행위들을

여한 노예들에게 신분 상승을 제공함으로써 반란에 참여할 사람들을 회유하려는 시도가 이미 늦었음을 알려준다. 결국에는 반란이 진압되었지만, 아리스토니쿠스의 초기 성공은 자유에 대한 희망이 노예가 되거나 빚을 진 사람들에게 얼마나 강력할 수 있는지를 보여준다. 수십 년 후 소아시아의 하층민들은 여전히 미트리다테스를 지지함으로써 온갖 위험을 감수하고 있었다.

미트리다테스가 패배한 후에 로마의 장군인 루쿨루스는 로마의 세금징수원들에게 진 빚 때문에 아시아의 주민들이 끔찍할 정도로 궁핍한 상황에 처했음 알게 되었다. 아리스토니쿠스의 이름과 관련된 운동의 공포가 현실이 되었다! 루쿨루스는 이런 "자본가들"의 이익에 반대했고, 그 지역이 겪고 있는 고통을 완화하기 위한 조치들을 시행했다. (a) 이자는 연 12%로 낮추고, (b) 연체 이자는 면제해주며, (c) 채권자는 채무자의 연간 수입의 1/4 이상을 취할 수 없도록 했다.[19] 플루타르코스는 이런 조치들이 위기를 완화하는 데는 성공적이었지만, 몇 년 안에 세금징수원들과 그들과 관련된 악한 일들이 다시 활개를 펼쳤다고 말한다.[20]

그리스-로마 세계에서 빚과 그것과 관련된 농경 문제들이 역사발전에 결정적인 역할을 했다. 이것은 유대인들에게도 마찬가지다.

모델로 삼은 것으로, 그것의 본질에 대해 더 정확하게 추론할 수 있게 해준다. 그것들은 빚과 세금 탕감은 물론, 토지의 재분배에 대한 약속까지 포함한다(Rostovtzeff, *SEHHW*, 2:938, 943); Dicky, "Some Economic and Social Condition," 496-98; Tarn과 Griffith, *Hellenistic Civilization*, 40-41, 125.

19 Rostovtzeff, *SEHHW*, 2:953-55에 있는 Plutarch, *Lucullus* 20.23의 논의를 보라.
20 Rostovtzeff, *SEHHW*, 2:965.

비록 빚이 가진 파괴적인 사회적·경제적 영향들을 완전하게 근절하지는 못할지라도, 성서의 오랜 전통은 이를 인식하고 제한하려고 노력했다. 구약성서의 모든 주요한 부분에는 빚과 관련된 처방이나 문제들이 언급된다. 율법서(출 22:25-27; 레 25장; 신 15장; 23:19-20), 예언서(사 5:8; 합 2:6), 역사서(삼상 22:2; 왕하 4:1; 느 5:1-5), 지혜서(잠 22:7). 구약성서의 전통은 한결같이 고리대금업과 부동산의 영구적인 양도를 반대한다(출 22:25; 레 25:13; 신 15:2).

빚에 대한 성서적 관점의 기본적인 전제는 이스라엘 각각의 구성원들이 야웨 앞에서 다양한 자격을 갖는 평등이었다. 또한 이것은 삶에 필요한 재화에 접근하는 평등을 의미했다. 따라서 성서적 전통은 경제적 원인으로 인해 사회 질서가 무너지는 것에 크게 반대했다. 이스라엘 왕정의 출현과 그것에 수반된 사회 계층화는 그러한 저항과 법제화의 전통을 더욱 부채질했다.[21] 느헤미야 5장에 기록된 포로기 이후의 흥미로운 사건은 농경 문제에 대응하기 위해 그 전통이 어떻게 실현될 수 있는지를 아주 명료하게 알려주는 세부 정보를 제공한다.

---

21   Bruggemann, "Trajectories"을 보라.

초기 로마 팔레스타인의 빚과 사회 계층화의 일반적 모델

예수가 역사의 무대에 등장하기 거의 200년 전에 초기 하스몬 가문의 시대는 이스라엘의 영광스러운 시대로 돌아가는 것처럼 보였다(마케베오상 14:4-15). 얀나이오스(Jannaeus) 통치 아래서 진행된 내부적인 정치 투쟁과 농민 소요는 이러한 환상을 효과적으로 무너뜨렸다.[22] 로마의 시민전쟁과 히르카노스(Hyrcanus)와 아리스토불로스(Aristobulus) 파벌의 골육상잔, 안티파트로스와 헤롯의 등장과 더불어 발생한 과도한 세금의 강제 징수와 그로 인해 생겨난 곤경은 모두 유대 사회의 불확실한 정치적 지위와 새로운 경제적 착취 질서를 확고히 했다. 비록 아우구스투스로 말미암아 평화가 찾아왔지만, 팔레스타인은 의심할 바 없이 정복당한 나라였다. 사회적 혼란과 곤경의 유산이 계속해서 남아 있었다. 그렇다면 이러한 상황은 빚 때문에 더욱 악화되었나?

　기원후 1세기 전반의 빚 문제들을 살펴보는 것과 관련해서 그것의 역사적 중요성을 평가하기 위해서는 어떤 증거가 유용한가? 우리는 이 글의 목적을 위해 유대의 상황과 갈릴리 상황을 구별할 필요가 있다. 나아가 우리는 비록 그것을 증명할 수는 없지만 빚에 관한 직접적인 특별한 증거와 빚 문제가 존재한다는 사실을 보여주는 것으로 보이는 간접적인 일반 증거를 구별해야 한다. 이 시기에

22　이 투쟁의 농경적 양상에 관해서는 Appelbaum, "Economic Life in Palestine," 635에 있는 논의를 보라.

대해 연구하는 이들은 이러한 두 가지 유형의 증거에 모두 호소해야
한다.

여기서는 유대에 존재하는 빚 문제를 다루는 데 필요한 두 개의
직접적인 증거를 제시하고자 한다.[23] 첫째, 요세푸스는 전쟁에서 유
대 반란군들의 초기 조치 중 하나가 채무 기록물을 불태우는 것이었
다고 말한다. 이 구절을 인용하면 다음과 같다.

> 다음으로 [반란군들은] 그들이 준비한 가연 물질을 공공 기록물 보관
> 소로 가지고 가서 고마워하는 채무자들 무리를 물리치고, 부자들에
> 대항하여 가난한 사람들을 회복시켜주기 위해 돈을 빌려주는 사람들
> 의 채권들을 파괴하고 빚의 회수를 막고자 했다.[24]

요세푸스는 안디옥에서 발발한 이와 유사한 또 다른 사건, 즉 빚에
짓눌린 사람들이 일으킨 사건을 기록한다(*War*, 7.61).[25] 요세푸스가
예루살렘 반란군들의 반란 동기라고 제시한 것은 나중에 노예들에

---

23 약간 다른 견해를 위해서는 Goodman, "The First Jewish Revolt"를 보라. 비록 나는
    본문의 초안이 완성되기 전에는 이 논문을 보지 못했지만, 직접적인 증거에 관한 우
    리의 생각이 수렴되었다는 것에 주목할 수 있어 기뻤다. Goodman은 (a) 고리대금법
    의 위반, (b) "프로즈불", (c) 기록물 보관소가 불타버린 것의 증거에 호소한다. 또한
    나는 Goodman의 논문 마지막 부분(427)에서 유대의 빚의 역학 관계를 위한 다른
    종류의 모델을 발견하게 되어 기뻤다. 그 뒤에 나온 이 논문의 개정판에서 Goodman
    의 작업은 갈릴리의 빚의 상황을 보다 명확하게 구별하도록 나를 부추겼다.
24 Josephus, *War*, 2.427.
25 Brunt, "Josephuse on Social Conflict in Roman Judaea," 151에 나오는 논의를 참조
    하라.

게 해방을 가져다주어 그들이 자신의 명분을 지지할 수 있게 한 시몬 벤 기오라(Simon ben Giora)의 동기와 유사하다(*War*, 4.508). 이것들은 기원전 2세기 후반에 아리스토니쿠스가 취한 유사한 혁명적 조치들을 상기시킨다.

요세푸스는 방금 언급한 인용문을 따라서 기록물 서고 혹은 기록물 창고를 그 도시의 "신경" 혹은 "힘줄"(*neura*)로 말한다. 다른 곳에서 그는 경쟁 관계에 있는 파벌들이 적군에게 포위된 도시에서 자신들의 비축 식량을 그들 스스로 불태웠던 일을 언급하기 위해 그와 동일한 표현을 사용한다(*War*. 5.24). 따라서 이 전직 예루살렘 귀족은 기록물 서고를 그 도시를 유지하기 위해 꼭 필요한 것으로 여겼다. 빚은 도시가 자신을 지탱하게끔 도와주는 시골을 지배하도록 보장해준다(참조. *Life* 38).

여기서 제시된 두 번째 증거는 힐렐의 프로즈불과 관련된 미쉬나 이야기다.

> 프로즈불은 [이를테면, 안식년에] 면제되지 않는다. 이것은 장로 힐렐(Hillel)이 제도화한 것 중 하나다. 그가 백성들이 서로 돈을 빌려주는 것을 삼가고 있으면서도 율법에 기록된 것, 즉 "네 마음속에 비열한 생각이 들지 않도록 스스로 주의하라"라는 가르침을 알았기 때문에 프로즈불을 제정했다.[26]

---

26   *M. Sheb*. 10.3

미쉬나 기틴 4:3과 바빌로니아 탈무드 기틴 36a 등에 따르면, 힐렐은 안식년 주기가 끝날 때 사람들이 이미 받은 대출의 유효성을 보장하기 위해서 프로즈불을 통한 인도주의적인 사법 절차를 시행했다. 탈무드 전승은 한결같이 "프로즈불"을 (a) 법정 앞에서 하는 진술이고, (b) 일반적으로 안식년에 빚을 탕감해주는 것을 피하도록 만드는 (c) 공식적인 진술(*m. Sheb.* 10.4)로 인식한다.[27]

   이러한 전승과 관련하여 논의할 필요가 있는 사실들이 많다. 먼저 히브리어 본문에는 프로즈불(*prozbul)*이 아니라 페로즈불(*perôzbôl*)이라고 나온다. 이런 언어적인 세부 사항은 "공회에"(to the council)라는 이 단어의 일반적인 의미(예를 들어 *prosboulē*)로 해석하는 것을 허락하지 않는다. 한스 폰 키펜베르크(Hans von Kippenberg)는 루드비히 블라우(Ludwig Blau)의 뒤를 이어 히브리어 뒤에 그리스 법률 문서에서 접할 수 있는 프로스볼레(*prosbolē*)라는 그리스 단어가 있다고 주장했다. 그 그리스 단어는 채무 불이행자의 재산을 압류하여 처분하는 행위와 관련된다.[28] 미쉬나 쉐비이트 10:6은 프로즈불에 대한 그

---

27   미쉬나에 있는 다음 자료들은 프로즈불을 언급한다. *m. Pe'ah* 3:6, *m. Sheb.* 10:3-7, *m. M.*(M) Qat. 3:3, *m. Ketub.* 9:9, *m. Git.* 4:3, 그리고 더블렛(doublet)인 *m. ug.* 3:10. 또한 탈무드(Talmuds)와 토세프타(Tosephta)에 있는 다른 탄나임 전승들을 보라. 이 자료에 대한 해석의 어려움은 여기서 인정된다. 이 전승들은 시작 이후 오랜 시간 후에 최종적인 형태로 기록되었다. 수많은 논의 안에 들어 있는 쟁점은 모호하고 때로는 이상적이다. 나아가 미쉬나는 우리가 묻고 있는 종류의 정보를 제공하기 위해 기록되지 않았다.
28   LSJ, 1504에 있는 프로스볼레(*prosbolē*)를 보라. 예를 들어 이 단어의 의미는 프톨레마이오스 2세가 시리아와 페니키아의 오이코노모스(*oikonomos*)에 지시한 것에서 예증된다. Bagnall과 Derow, *Greek Historical Cocuments*, 96.

런 해석을 지지한다. 이 구절에 따르면, 프로즈불은 부동산(주로 땅과 집)에만 사용될 수 있다.

탈무드는 다른 형태들의 빚 문서를 언급하고 있으며, 그러한 형태들과 프로즈불을 구별하는 것이 유용하다. 미쉬나 쉐비이트 10:1은 "채권"을 사용하거나 혹은 사용하지 않고 대출한 것에 대해 말한다. 두 가지 형태의 대출은 안식년 동안에 탕감된다. 이것에 분명하게 반대해서 미쉬나 쉐비이트 10:2은 담보에 의한 대출이나 법정에 인도된 채권은 면제되지 않는다고 말한다. 이들 구절에서 채권은 담보와 단순한 구두 합의와 대비된다. 담보와 제3의 보증인은 대출 상환을 보증하는 오래된 수단들이었다.[29]

"문서"인 "채권"(shaṭar)은 "빚"(hôb)이라는 단어에서 비롯된 것으로, 미쉬나 쉐비이트 10:5은 그런 문서가 단순히 빚과 상환기간을 기록한다는 사실을 제안한다. 아마도 채권은 전통적인 담보 대신에 감정에 좌우되지 않는 계약 체계나 서면 보증의 체계가 출현했음을 보여준다. 게다가 채권은 프로즈불과 마찬가지로 안식년에 반드시 면제되는 것이 아니다. 법정에 전달된 채권에 대해 언급하는 미쉬나 쉐비이트 10:2은 안식년이 시작되기 전에 갚아야 할 연체된 대출에 대해 다룬다. 그 빚은 여전히 갚아야만 한다.

프로즈불은 안식년에 빚을 회수할 수 있게 하기 위해(그리고 아마도 부동산에 의한 담보 대출을 규정하기 위해) 단순히 빚 문서에 추가

---

29   Barrois, "Debt, Debtor," 809을 보라; 잠 6:1, 11:15, 17:18, 20:16, 22:26은 부유한 사람들이 왜 가난한 유대 농민들을 위해 보증을 서고 싶어 하지 않았는지에 대해 이야기한다.

된 조항으로 여겨졌다. 키펜베르크는 이러한 해석을 잘못된 것으로 생각하는데, 이는 그것이 프로즈불에 대한 후기 랍비들의 관점을 무비판적으로 적용하기 때문이다. 그는 와디 무라바아트(Wadi Murabba'at) Mur 18(54-55년)에서 복원한 빚 계약이 프로즈불 같은 공식 문구를 포함하고 있지 않음을 지적한다.[30] 그러나 미쉬나 쉐비이트 10:4은 "해설 조항"(clause interpretation)을 지지해주는 것 같다. 그것은 프로즈불의 목적이 "나에게 마땅히 상환해야 하는 모든 빚은 내가 원할 때 언제든지 징수할 수 있다"는 점을 보장하는 것이라고 진술한다. 이러한 문구(특히 "언제든지")는 아마도 안식년의 용서를 포기하라는 것을 언급할 수 있지만, 그것은 앞서 언급했던 고대 그리스 세계의 토지 압류 절차의 측면을 언급하는 것으로 이해할 수도 있다. "내가 원할 때 언제든지"라는 문구는 채권자에게 꽤 특별한 법적 힘이 부여되었음을 말해준다. 채권자는 법정에 추가 문의 없이 채무자의 재산을 처분할 수 있다.[31] 빚을 상환하는 것으로서의 토지 양도는 말할 것도 없고, 이러한 특징은 전통적인 이스라엘의 법과 유대의 법에는 이질적인 것이었다. 이런 이유로 후기 랍비들은 힐렐에게서 유래했다고 여겨진 이런 혁신적인 조치의 의미를 평가

---

30 Von Kippenberg, *Religion und Klassenbildung*, 139. 여기서 Kippenberg는 이런 견해가 *m. Shbi'it*.에 관한 Dietrich Correns의 논평에서 기인한 것이라고 말한다. b. *Git*. 37b를 참조하라.

31 이에 대해 입증 가능한 근거가 *Num. Rab.* 19:9에 보전되어 있다. 채권자는 이웃의 곡물저장소뿐만 아니라 채무자의 곡물저장소를 털어갈 수 있다! b. *Git*. 37a를 참조하라. 여기서는 나중에 오직 유대의 고등법정에서만 재산을 압류할 수 있다는 사실을 말한다; Nicholas, *An Introduction to Roman Law*, 149-53은 로마 채권자들이 이용할 수 있는 법적 절차에 대해 논한다.

하는 데 어려움을 겪었다. 그들은 당연히 전통적인 노선에 따라 해석했다.[32] 그럼에도 프로즈불의 의미에 대한 어느 정도 진정성 있는 내용이 탈무드 자료에 남아 있다.

기원후 70년 이후에 프로즈불 규정의 "추가 조항"(codicils)으로 보이는 것들, 즉 랍비 후스피트(Huspith)가 아내나 보호자의 재산을 담보로 이루어진 대출 약정을 허용한 것(m. Sheb. 10:6)과 랍비 엘리에제르(Eliezer)가 벌통을 부동산으로 선언한 것(m. Sheb. 10:7)을 주목하는 것은 흥미로운 일이다. 단언컨대 이것들은 법의 범위를 확장했다. 그렇다면 우리는 70년 이후에 땅을 저당 잡힌 채 새로운 담보물을 찾을 필요가 있었다고 추론해야 하는가?

우리는 1세기 갈릴리의 부채 상황에 관해 말해줄 수 있는 직접적인 증거를 오직 복음서에서만 찾을 수 있다. 그 자료에 관한 논의는 논리상 다음 장으로 미루고 여기서는 다시 일반적이고 간접적인 고려 사항으로 돌아가 다음 세 가지에 대해서만 다루고자 한다. 70년 이전의 (1) 재정 압박, (2) 인구 증가, (3) 대중적 불안.[33]

F. C. 그랜트(F. C. Grant)는 1세기 초에 경쟁 관계에 있는 두 개의 조세 체계가 농경민들에게 견딜 수 없는 부담을 안겨주었다고 주

---

32 Von Kippenberg, *Religion und Klassenbidung*, 138-39. 프로즈불의 의미에 관한 랍비들의 논쟁 증거를 위해서는 바빌로니아 탈무드 기틴 37a를 보라.

33 Theissen, *Sociology*, 40은 예수의 사회적 상황에서 중요한 "사회-경제적 요소들"을 열거한다. (1) 자연재해, (2) 인구 과잉, (3) 소유의 집중, (4) 경쟁 관계에 있는 조세 체계. 또한 Goodman은 유대의 빚 문제를 설명 가능케 하는 것으로서 과중한 세금과 증가하는 인구, 열악한 수확량에 주목한다(Goodman, "The First Jewish Revolt," 419). 그러나 Goodman은 이 모든 것을 무시하고 폼페이우스가 예루살렘을 함락한 이후에 그곳으로 유입된 막대한 부를 강조한다.

장했다.[34] 이러한 주장은 꽤 많은 사람이 받아들이는 표준적인 견해가 되었다. 비록 고대 역사가들이 팔레스타인에서 시행되던 로마 세금 체계의 포괄적인 모습을 아직까지 충분히 묘사하지 못했을지라도 말이다.[35] 길다스 해멀(Gildas Hamel)은 아마도 각각의 체계가 다른 체계를 고려했을 것으로 생각하기 때문에 이런 사실을 크게 확신하지는 않는다.[36]

요세푸스와 타키투스의 책에 기록된 증거는 세금 부담을 덜어달라는 반복적인 요구가 있었음을 보여준다.[37] 동시에 속주 사절단이 아우구스투스에게 보낸 메시지(War. 2.85-86)와 아르켈라오스에게 보낸 탄원서(War. 2.4)를 언급할 수 있다. 후자는 세금 경감과 (부채 때문에?) 수감된 사람들을 분명하게 언급한다. 타키투스는 우리에게 티베리우스가 공물(땅에 부과하는 세금)을 경감시켜주라는 요청을 시리아와 유대 지방들로부터 받았다는 사실을 말해준다(Tacitus, Annals 2.42). 로마인들은 매년 토지세(tributum soli)를 징수했다. 또한 그들은 인두세를 징수하기도 했다. 우리는 이것과 함께 티베리우스가 복속민들을 터

---

34 Grant, *The Economic Background*, 89.
35 Freyne, *Galilee*, 183; Theissen, *Sociology*, 44; Jones, "Taxation in Antiquity," 151-85.
36 Hamel, *Poverty and Charity*, 143.
37 Theissen, *Sociology*, 43을 참조하라. 여기에서 Theissen은 요세푸스, *Ant.* 15.365, 16.64, 18.90, 19.299를 인용한다. Goodman, "The First Jewish Revolt," 419 각주 15을 보라. 여기서 Goodman은 그런 모든 진술이 "이념적"이며 유대의 부를 가리킨다고 생각한다. 하지만 우리는 누가 부를 통제하고 누구의 "주머니"에서 나온 것들이 세금으로 납부되었는지를 기억해야 한다. 언제나 그러한 부담은 하층민, 즉 가장 적은 부를 통제하는 사람들이 떠안았다. 만약 그들이 감당하지 못할 정도로 압박당하면, 그들은 반격할 수도 있었다. 귀족들은 이것을 알았고 그래서 세금 부담을 줄여달라는 청원을 냈다.

무니없이 과하게 착취하는 것을 줄이기 위해 속주 총독(procurator)의 임기를 연장했다는 사실도 주목해야 한다(*Ant*. 18.172 이하).[38]

우리는 시대가 전환될 때 로마 팔레스타인의 인구가 증가했음을 당시 촌락들과 마을들 그리고 도시들의 수가 다른 시기에 비해 증가했다는 사실을 보면서 쉽게 추론할 수 있다. 또한 우리는 광범위하고 집약적인 농사의 자취를 보여주는 고고학적이고 역사적인 증거들도 고려할 수 있다.[39] 요세푸스는 갈릴리에 대해 진술하면서 촌락들의 수와 집약적인 농사라는 두 가지 측면을 모두 이야기한다(*War*, 3.42-43).

우리는 이런 물리적인 증거들과 함께 인구 증가에 대한 사회적 증거, 즉 토지를 소유하지 못한 수많은 사람을 언급해야 한다. 이들은 유산이 없는 "과잉" 농민 자녀들과 남의 토지를 수용하여 농사를 짓는 소작농, 이런저런 방식으로 땅에 대한 접근권을 박탈당했던 사람들이었다. 그들 중 많은 사람이 더 나은 경제적 기회를 찾아 다른 지

---

38   보다 완전한 논의를 위해서는 Hamel, *Poverty and Charity*, 142-63을 보라. 또한 Theissen, *Sociology*, 42-43과 비교해보라. Baron은 더 나은 증거들을 제시한다 (Baron, *Social and Religious History*, 264과 각주 20).

39   Monson, et al., *Student Map Manual, Map* 11-1과 12-1을 비교해보라. Avi-Yonah, *The Holy Land*, 219-21에 나오는 견해를 참조하라. 여기에서 Avi-Yonah는 당시 인구를 약 250만 명으로 상정한다. Hamel은 이 숫자에 대해 설득력 있게 논박한다 (Hamel, *Poverty and Charity*, 139). 그는 최대로 생산할 수 있는 음식의 양을 고려할 때 약 100만 명의 인구를 추산할 수 있다고 말한다. 하지만 제시된 수들 때문에 그 토지가 고대의 기술적이며 사회적인 환경 아래서 지탱할 수 있는 최대치에 가까운 수준까지 인구를 증가시킬 수 있도록 도와주었다는 사실이 모호해져서는 안 된다. 집약적이고 광범위한 농사에 관해서는 Applebaum, "Economic Life," 646을 보라. 또한 Hamel, *Poverty and Charity*, 116을 보라.

역으로 이주했다.[40] 이런 요인들로 말미암아 헤롯 대왕이 계획한 건축에 필요한 노동력이 공급되었을 뿐만 아니라, 우리가 요세푸스의 글에서 보게 되는 강도떼나 메시아 행세를 한 이들과 같은 사회의 불평가들이 나타났다.[41] 여기에는 걸인들과 고아들, 세금징수원들, 매춘부들, 고용 노동자들, 소규모 기능공들 그리고 그와 유사한 자들로 분류되는 이들이 있었다.[42] 애플바움(Applebaum)은 기원전 1세기 말에 있었던 유대와 갈릴리의 농업 전문가들을 징발한 일에 주목하라고 말한다.[43] 토지의 부족, 특히 상부 갈릴리와 페레아에서 토지의 부족은 유대인과 이방 경작자들 사이에 갈등을 초래했다. 또한 우리는 유대 전쟁 중에 갈릴리인들이 세포리스(Sepphoris)와 티베리아스(Tiberias)에 보인 적대감을 기억하는데, 이 두 지역은 모두 친 로마 정서를 가지고 있었으며 채무 기록물 보관소가 있었던 자리이기도 했다.[44] 지속적인 부채와 같은 다른 사회적 기제들이 권리를 박탈당한 이런 사람들의 인적 구성을 체계적으로 증가시켰을 가능성이 매우 높다.[45]

그림 2.1에 묘사된 모델을 고찰하라. 이 모델은 대체로 고대 팔

---

40 갈릴리 이주와 트랜스요르단 정착과 관련하여 Theissen이 수집한 자료들을 보라 (Theissen, *Sociology*, 34-35, 41).

41 앞의 책, 35-36.

42 Schottriff와 Stegemann, *Jesus*, 15-28과 Stegemann, *The Gospel and the Poor*, 13-21, 그리고 Stegemann과 Stegemann, *The Jesus Movement*, 79-95를 보라.

43 Applebaum, "Economic Life," 660.

44 Josephus, *Life*, 38-39, 123 이하, 375, 384. Freyne, *Galilee*, 166에 나오는 갈릴리인들에 대한 논의를 보라.

45 Bront 역시 같은 생각을 한다(Brunt, "Josephus," 151).

레스타인의 낮은 사회 계층이 떠안은 부채로 인해 겪는 압박을 보여주기 위해 고안되었다. 모델의 아랫부분에는 두 개의 연속선이 사용되었다. 의존을 나타내는 척도는 상대적인 독립적 신분에서 종속적 신분으로 바뀌는 사회적 연속선을 나타낸다. 재산 소유를 보여주는 척도는 토지를 직접적으로 통제하고 접근할 수 있는 것("소유주")에서 토지를 간접적으로 접근하거나 접근하지 못하는 것("몰수와 강탈")으로 바뀌는 경제적 연속선을 나타낸다. 그 두 가지 척도는 토지에 대한 의존성이나 접근 불가능성의 가장 큰 상황이 상류 사회 계층을 나타내는 모델의 가장 윗부분으로부터 가장 멀리 떨어져 있도록 고안되었다.[46]

그림 2.1: 1세기 팔레스타인 부채의 사회적 역학 관계

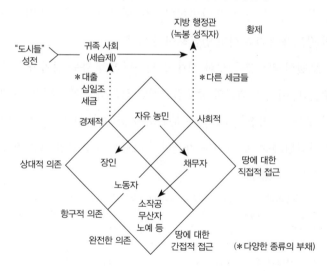

46   종속적인 노동자의 개념을 위해서는 Finley, *The Ancient Economy*, 69을 보라. 또한 de Ste. Croix, *Class Struggle*, 205 이하를 보라.

모델의 두 주요 부분을 연결하는 점선은 위쪽으로 향하는 임대료와 세금의 흐름을 보여준다.[47] 임대료와 세금은 농민들에게 무거운 짐을 지운다. 게다가 "하나님의 행위들"은 빚과 압류에 대한 압박에 기여한다. 그런 다양한 요인을 여기서 언급할 수 있지만, 지면의 부족함 때문에 그림 2.1에서 그것들을 나타낼 수 없다. 적은 강수량과 가뭄, 곤충들, 농작물의 병충해와 다른 역병들이 농민들에게 무거운 짐을 지운다. 팔레스타인의 경제가 수익을 창출하는 정도는 채무이행 불능의 비율에 영향을 끼칠 것이다. 거래와 대출해주는 잉여 자금은 부채를 증가시키는 중요한 요소다. "하나님의 행위들"에 반대되는 것은 "인간의 행위들", 즉 탐욕과 투기와 권력 투쟁인데 이것들은 모두 재산의 집중화에 영향을 끼치는 것으로 부채와 채무이행 불능이라는 동전의 양면이다. 더욱이 우리는 전쟁과 반란과 사회적 강도떼에 대해서도 언급해야 한다.[48]

　　모델의 윗부분은 로마 시대 팔레스타인의 과두 정치 구조를 보여주는데, 이것은 제국의 중앙집권적인 국가와도 관련된다. 모델 꼭대기 부분의 "정점"(polarity)은 분권화된 귀족과 (관료 기구를 가진) 중앙집권화된 통치자 사이를 가른다.[49] 그랜트의 논문을 둘러싼 논쟁

47　Von Kippenberg, *Religion und Klassenbildung*, 92, 114, 127에 있는 그림을 참조하라.
48　Theissen, *Sociology*, 41; 헤롯의 소유에 관한 내용인 Josephus, *Ant*, 17.307, 355, 18.2를 참조하라. Stegemann은 다음과 같이 논평한다. "헤롯 1세는 대규모의 농지를 몰수하고, 그 후에 그것들을 부유한 지주들에게 팔았다. 이것으로 말미암아 소수의 사람이 엄청나게 많은 토지를 소유하는 토지의 집중화가 이루어졌다.…이것은 결국 수많은 소작농을 양산했다"(Stegemann, *The Gospel and the Poor*, 19).
49　이 정점에 관해서는 Lenski, *Power and Privilege*, 229 이하를 보라. "재산세습"(patrimony)과 "봉록"의 개념에 관한 논의는 Max Weber, *Economy and Society*,

은 이미 언급한 바 있다. 이 모델은 두 번이 아닌 세 번에 걸쳐 부과
된 세금이 이 시기에 활동했던 생산자들에게 부담을 가져다주었다
고 제안한다. 국가와 옛 귀족(대제사장 가문)의 필요들에 더해 새로운
귀족(헤롯 가문)의 필요와 로마 관리들(장관들과 속주 총독)을 위한 봉
록(prebends)도 염두에 두어야 한다.[50] 이것들은 때때로 해멀이 제안
했던 것처럼 서로를 보완해주었다. 그러나 대부분 옛 귀족과 새로운
귀족들이 동일한 영토를 두고 경쟁한 것으로 보인다.

아마도 로마와 동맹을 맺은 사람들이 빚을 가장 철저하게 이용
했을 것이다. 물론 이것은 기본적으로 추정에 불과하지만, 그리스
세계가 토지를 몰수하는 데 제시한 법적 근거에 대해 앞서 진행했던
논의는 확실하게 그러한 동맹을 지적한다. 또한 그것은 대제사장 관
리들과 고위 사제들의 세속화를 야기한 가장 강력한 경제적 근거들
도 지적한다. 그들은 효과적으로 경쟁하기 위해서 새로운 질서의 방
식들을 채택해야 했을 것이다.[51]

채권과 대출을 보증해주는 것으로서의 담보는 이미 어느 정도
주목을 받았다. 미쉬나의 법들은 대부분 동산이나 부동산 자산과 관
련이 있지만, 채무 노예(debt bondage)의 제한된 노예 기간에 대해서
도 말한다.[52] 채무 노예의 노예 기간을 한정하는 것은 이자 받는 것

1:222, 231이하를 보라. 나아가 Wolf, *Peasant*, 50 이하를 보라.

50   Baron, *Social and Religious History*를 보라.
51   대제사장들이 부리는 노예들이 하급 사제들에게 제공되어야 하는 생산물을 빼앗
     는 것에 관한 요세푸스의 언급을 살펴보라(*Ant.* 20.181, 206); Jeremias, *Jerusalem*,
     181을 보라. 또한 유대-로마 전쟁(66-70년)에서 하급 사제의 역할을 고찰하라.
52   이 점에 관해서는 Goodman, "The First Jewish Revolt," 423 각주 40을 보라; *m. 'Ed.*

을 금하고 재산을 양도하는 것을 금지하며 생필품들을 보호하는 구약성서의 법 정신 안에 매우 많이 나타난다(신 23:19; 출 23:26). 이러한 유형의 담보는 로마법이 허용하는 기간이 한정되지 않은 채무 노예와 구별되는 것이다. 사실 빚에 관한 로마의 법은 비교할 수 없을 정도로 가혹했다(이것은 다음 장에서 보다 자세하게 논할 것이다).[53]

그림 2.1에서 볼 수 있는 것처럼 소규모 자작농을 하는 "자유" 농민들—물론 그들은 세금과 종교적 헌금으로부터 자유롭지는 않았다—은 처음에 토지에 접근할 수 있는 권리를 잃어버리지 않은 채 일부 채권자에게 의존할 수 있었다. 그들은 "채무자"라는 신분으로 조상들이 물려준 작은 땅뙤기를 유지할 수 있었지만, 어느 시점에는 소작농으로 전락하고 말았다.[54]

그 모델은 다음과 같은 시나리오를 제안한다.[55] 흉작이나 과도한 세금은 팔레스타인 농민들이 자신의 가족을 먹이고 가축들과 다음 수확을 위해 곡식을 남겨두어야 하는 필요와 맞물려 세금 체납을 초래했다. 이것이 낮은 생산성이나 계속되는 흉년과 맞물릴 때, 채무불이행 상태가 되어버렸다.[56] 세금징수원 혹은 대출금을 융통해준

8:2를 보라; 또한 Von Kippenberg, *Religion und Klassenbildung*, 143을 보라.

53 로마의 빚에 관한 법에 관해서는 Finley, *Ancient Economy*, 40, 69을 보라; 또한 de Ste. Croix, *Class Struggle*, 165 이하를 보라.

54 Freyne, *Galilee*, 195.

55 이와 유사한 시나리오는 Freyne, *Galilee*, 195을 보라. "실제로 많은 소작농이 그 작은 땅뙤기의 원래 주인이었을지라도 흉년에 공물을 바치거나 다음 해에 필요한 곡식을 사고 심지어 자신들의 가족을 먹이기 위해 그 작은 땅뙤기로 교환해야 했다."

56 Josephus, *Ant.* 18:274는 이것과 관련해 주목할 가치가 있다. Applebaum, "Economic Life," 660 각주 3은 이것이 작동한 방식에 대한 몇 가지 근거들을 제공

부자는 재산을 통해 재정 부채를 담보해야 한다고 주장할 것이다. 농민들은 분명히 자기 자식의 노동력이나 가치가 더 떨어지는 어떤 것으로 그것을 담보하려 할 것이다. "법적 절차들"과 더불어 부정한 조작도 있었다. 예루살렘 탈무드 타아니트 69는 베이타르(Beitar) 사람들이 자기 조상들의 땅에서 자신들을 사취했던 예루살렘 부자들의 몰락을 보면서 매우 기뻐하는 모습을 말해준다.[57]

그것의 본질이 사적이든 재정과 관련된 것이든 증대되는 부채는 전반적으로 소작인과 토지를 소유하지 못한 계층이 늘어나도록 하는 결과를 가져왔다.[58] 반대로 점점 더 많은 토지가 점점 더 적은 지주들의 통제 아래 놓이게 되었다. 1세기 팔레스타인 사회에 나타난 이 두 현상을 가리키는 수많은 관련 증거들이 있다.[59]

한다: 이스라엘인들은 유대 전쟁 후 야브네에 있는 제국의 곡물저장소에 쌓이게 될 세금을 납부할 수 없었을 때 다음 해의 식량을 빌릴 수밖에 없었다. 현대 푸에르토 리코의 경우가 빛이 "토지 선매 체계"(advance system)를 통해 어떻게 토지 소유의 집중화에 영향을 미쳤는지를 보여준다: Wolf, "Hacienda System," 175-76을 보라.

57 Applebaum, "Economic Life," 663과 각주 2.

58 이 시기의 소작농의 증가에 관한 일반적인 견해가 Rostovtzeff, *SEHRE*, 1:99-100, 291, 344-45에 나온다.

59 이전 논의와 언급들 외에 다음의 내용들이 있다. 70년 직후의 부유한 사람들—랍비 타르폰(Tarfon), 엘리에제르, 가말리엘 2세—은 하룻밤 사이에 재산들을 획득한 것이 아니다. Büchler, "Economic Conditions," 33, 36, 37. Boethus b. Zonen은 채무 불이행 상태를 통해 이스라엘의 재산을 획득했다. *m. B.Mes.* 5:3(Büchler, "Economic Conditions," 39을 보라). Wadi Murabba'at, Mur 18에 있는 대출 계약은 기원후 70년 이전(기원후 54-55년)의 상황을 가리킨다. 이것은 채무 불이행 상태의 경우에 재산(동산)에 대한 유치권을 입증해준다. Mur 22(131년)는 부채를 충당하기 위한 재산 처분에 관해 기록하고 있다. 이들 문서에 대한 번역과 주석은 Benoît, et al, *Les Grottes de Murabba'at*, 100-104, 118-21; Von Kippenberg, *Religion und Klassenbildung*, 139 이하; Koffmahn, *Doppelurkunden*, 81-89, 159-62을 보라. 밭 임대를 위한 미쉬나 증거들에 관해서는 *m. B.Mes.* 9를 보라.

복음서 전승 안에 나오는 빛

계속 진행하기 전에 우리는 최소한 신약성서 자료들을 다룰 때 수없이 발생하는 방법론적 문제들을 인식해야만 한다. 지금 막 시작하려는 것처럼 예수를 사회적·역사적 상황에서 살펴보기 위해서 비유들을 이용하는 것이 적절한가? 비유들이 1세기 갈릴리의 사회적 상황을 직접적으로 혹은 간접적으로 전달해주는 정보를 가지고 있는가? 아니면 예수의 연설은 다른 방향들, 즉 실제 환경과 거의 관련 없는 지중해 세계의 상투적인 이미지들에 초점을 맞추고 있지 않은가? "실제 세계"는 단순히 비유들에서 본질적인 요소, 곧 그것들의 대안적인 "이야기 세계"를 위한 출발점에 불과한 것인가?

이번 장에서 채택한 해석적 입장은 두 가지 요소를 지닌다. 먼저 로마 시대 팔레스타인에서 예수가 행한 연설처럼 억압과 갈등이 만연한 정치적 상황에서 행하는 공적인 연설은 물질 관계와 사회적 관계 혹은 권력 관계 안에 있는 어떤 심각한 문제를 어느 정도 우회적이거나 모호하게 고지할 수 없다는 점이다. 비유들은 그런 억압적인 정치 상황에서 비판적인 진실들을 공개적으로 표현하려는 예수의 시도를 보여준다. 이 때문에 예수의 비유들은 항상 다른 의미로 이해될 가능성이 있다. 그리고 이것이 예수가 자신을 보호하는 방법이었다. 그러나 비유들의 기본적인 의미는 언제나 원래 청중과 사회적·정치적 맥락과 비교해서 판단해야 한다.

두 번째, 이 글의 해석학적 입장은 비유 이야기들이 지배적인 주제들을 조망해주는 사회 역사를 위한 원자료를 제공한다는 인식에서 비롯된다. 만약 비유들이 (실제로 한 번 일어난 사건들에 대한 진술인) 진정성 있는 비유라고 한다면 말이다. 비유들이 유비(전형적인 사건)이거나 심지어 상투적인 이미지들이라면, 그것들의 주된 문제와 예수의 관심사들은 병렬 관계에 있을 뿐 아니라 사회 역사가들의 관심사들에도 수렴된다. 어쨌든 비유들은 1세기 갈릴리에 대한 정보를 전달하는 것이다.[60]

또한 다음에 제시된 추가적인 질문들이 발생한다. 종종 비유들에서 증거되는 사회경제적 실재들에 대한 관심사의 본질은 무엇인가? 이런 관심사는 예수의 역사적 행위들을 이해하기 위해 부수적인 것인가 아니면 필수적인 것인가? 이런 질문들은 지금 이곳에서 빛의 특별한 쟁점의 측면에서 받아들여진다.

용서하지 않은 종의 비유(마 18:23-25)와 재판에 관한 말씀(마 5:25; 눅 12:58)을 비교하는 일은 유익하다.[61] 우리는 채무자가 채무 불이행 상태에 놓이는 세 가지 다른 상황을 그릴 수 있다. 마태복음 18장에 나오는 두 개의 이미지는 지불 불능을 다루기 위한 그리스-로마 절차의 실재들에 대한 극적인 예를 제공한다. 그 두 가지

---

60   이 믿음은 나를 일반적으로 Dodd와 Jeremias, Perrin 그리고 가장 최근에 활동하는 Bailey 같이 비유를 역사비평적으로 주석하는 학자들의 진영에 위치시킨다. 그러나 나는 비유들의 사회적·경제적 차원과의 직접적인 관련성 부분에서 그들과 다르다. "비유"(parable)와 "유비"(similitude)의 차이에 대해서는 Smith, *Parables*, 17을 보라. Jeremias(*Parables*, 20)가 지적하는 것처럼 그 모든 차이는 마샬(משל)이라는 언어 양식을 포함한다.

61   이런 분석의 많은 부분은 Von Kippenberg, *Religion und Klassenbildung*, 141 이하에 나오는 내용의 도움을 받았다. de Ste. Croix, *Class Struggle*, 164에도 유사한 분석이 나온다.

이미지는 모두 채무자 "개인에게 형을 집행하는" 사건이다.[62] 하지만 채무자와 그의 가족 전체가 재정적인 채무 불이행 상태로 인해 종이 되는 경우가 있다. 한편 채무자는 단지 사채 때문에 감옥에 갇히기도 한다. 여기서 셔윈 화이트(Sherwin-White)는 그리스 왕의 상투적인 이미지에 주목했다. 비록 그가 헤롯 대왕을 포함해 초기 제국 통치 아래서 로마인들의 봉신 군주로 활동했던 "작은 왕들"에 논의를 집중하긴 했지만 말이다.[63] 생트 크루아(G. E. M. de Ste. Croix) 역시 그 비유에서 헤롯의 가족에게 일어날 수 있는 일에 주목했다.[64] 아마도 우리는 특히 헤롯 안티파스를 고려해야 한다. 그는 예수가 활동할 당시 갈릴리에서 일어난 일의 전형을 보여주기 때문이다.[65]

마태복음 5:25과 병행 구절에 나오는 그림은 조금 다르다. 여기서는 소송 절차가 당장에라도 일어나려고 한다. 따라서 채무자가 채권자와 "친구로 지내는 것"은 결국 법정 밖에서 빚을 청산하는 것을 의미한다. 이것은 사채의 관점에서 제안되는 것이다. 채권자와 채무자 사이에 합의가 이루어지지 않는다면, 채무자는 감옥에 갇힐 수 있다. 예레미아스는 이것이 이스라엘 법정에서 일어나는 일이 아니

---

62   "개인에게 형을 집행하는"것에 관해서는 de Ste. Croix, *Class Struggle*, 164, 240을 보라.

63   Sherwin-White, *Roman Society*, 134 이하.

64   de Ste. Croix, *Class Struggle*, 164.

65   마 18장에 관한 Jeremias의 생각들을 참조하라(Jeremias, *Parables*, 212.). "이스라엘 은 고문형을 허용하지 않았다. 이런 점에서 만약 그 비유가 유대법에 세심한 주의를 기울이지 않은 채 고문을 마음대로 행하는 헤롯 대왕을 가리키는 것이 아니라면, 여기서 기술되는 것은 팔레스타인 외의 상황들임이 분명하다."

라고 말한다.[66] 셔윈 화이트는 여기에 나오는 "재판관"이 원주민 치안 판사라고 단호하게 주장한다.[67] 폰 키펜베르크는 채무자가 빚을 상쇄할 만한 부동산을 갖고 있지 않을 경우 이스라엘 법정이 지불 불이행자를 강제로 감금할 수 있다고 말한다.[68]

역사적 사실이 어떻든지 간에 마태복음 5:25과 병행 구절에 나오는 법정은 예수의 설교를 듣고 있는 사람들에게 집행할 법적 권한을 갖고 있었다. 아마도 그 절차에 대한 법적 근거는 그리스-로마법의 한 부분이었을 것이다. 마태복음 18장에 나오는 왕실의 처리 과정은 현실과는 거리가 멀어 보이지만, 마태복음 5:25-26과 누가복음 12:58-59에 나오는 과정은 예수의 청중이 경험한 것들과 직접적으로 관련이 있었다.

신약성서에 나오는 이 세 가지 묘사는 그림 2.2에 나오는 모델을 제안한다.[69] 지불 불능 상태에 처한 채무자가 겪는 곤경은 그의 토지 상황에 달려 있다. 만약 채무자가 토지를 소유하고 있다면(그리고 그것이 대출을 받기 위해 담보로 보증된 것이었다면), 그 부동산은 경매로 팔리거나 심지어 빚을 청산하기 위해 채권자에게 양도되었다. 만약 채무자가 토지를 갖고 있지 않다면 투옥되거나 노예가 될 수 있었다.

---

66   Jeremias, *Parables*, 180. 『예수의 비유』(분도출판사 역간).

67   Sherwin-White, *Roman Society*, 133.

68   Von Kippenberg, *Religion und Klassenbildung*, 142-43. Kippenberg는 마 18장과 5:25
그리고 Josephus, *War*. 2.273에 나오는 근거를 제시한다.

69   비록 Kippenberg는 이 모델을 명시적으로 제시하지는 않지만, 그의 책에는 이 모델의 모든 구성 요소가 나온다(Von Kippenberg, *Religion und Klassenbildung*, 141-43).

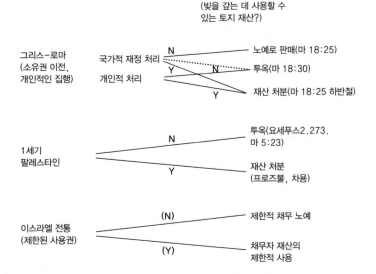

그림 2.2: 지불 불능의 소송 절차

(빚을 갚는 데 사용할 수
있는 토지 재산?)

그리스-로마
(소유권 이전,
개인적인 집행)

국가적 재정 처리   N   노예로 판매(마 18:25)

            Y   N   투옥(마 18:30)

개인적 처리   재산 처분(마 18:25 하반절)
              Y

1세기
팔레스타인

   N   투옥(요세푸스2.273.
              마 5:23)

   Y   재산 처분
              (프로즈불, 차용)

이스라엘 전통
(제한된 사용권)

   (N)   제한적 채무 노예

   (Y)   채무자 재산의
              제한적 사용

아마도 그런 투옥은 채무자로 하여금 은닉한 재산을 내놓도록 강제
하거나 그의 가족에게 그를 속전하도록 강요하기 위한 목적을 지녔
을 것이다. 이스라엘 가정이 "가족의 토지를 지켜야"한다는 압박을
받고 있었다는 점에서 채무자의 재산을 공개적으로 경매(예를 들어
프로즈불 제도)하는 것도 비슷한 목적을 지니고 있었을까? 재산이 없
는 경우에 채무자는 채무 노예가 되는 것보다는 투옥되는 것이 일반
적이었다. 노예들을 손쉽고 싸게 이용할 수 있다는 점과 땅을 소유
하지 못한 사람들이 갖고 있는 노동력이 풍부했다는 점 때문에 말이

다. 그리고 그것 때문에 노동력의 가치가 떨어졌다![70]

수없이 많이 논의된 누가복음 16:1-8의 비유로 시선을 돌리면, 빚 처리와 관련된 몇 가지 주목할 만한 내용이 나온다.[71] 먼저 빚은 현물로 지불된다. 둘째, 빚의 규모는 주목할 만한 액수다. 밀 백 석은 150명이 1년 동안 먹을 수 있는 양이다.[72] 마찬가지로 기름 백 말(batous/baths, 1바트당 약 400리터)도 매우 많은 양이다.[73] 그렇다면 이 빚의 본질은 무엇인가?

이 비유에서 부자가 왕실 인물이라고 지시하는 내용이 없다는 점에서 이 큰 종류의 빚이 체납된 세금을 함축한다는 것은 그럴듯

---

70 Von Kippenberg, *Religion und Klassenbildung*; Goodman, "The First Jewish Revolt," 423 각주 40번; 또한 노동력의 가치와 공급에 관해서는 Finley, *Ancient Economy*, 70을 참조하라.

71 눅 16:9은 대개 누가(참조. 실제로 "불의한 재물"로 친구를 사귀는 이야기인 눅 19:1-10의 삭개오 이야기)에게서 기인한다. 눅 16:8에 나오는 주인이 16:1에 나오는 부자인지(참조. 3절) 아니면 예수인지는 논의되고 있다. 눅 18:6에 대한 Jeremias의 논평이 여기서 결정적인 것으로 보인다. 이 비유나 성가시게 조르는 과부 비유와 관련해서 그 주인은 예수다. 그렇다면 예수는 미래의 자신의 안전을 보장하기 위해 주인(관리인은 종이다)에게 바가지를 씌우는 관리인의 행위를 공개적으로 칭찬한다고 할 수 있다.

72 이 수치는 다음과 같은 계산에서 비롯된 것이다. 약 200kg의 곡물은 한 사람이 1년 동안 생존하는 데 필요한 양이다(Hamel, *Poverty and Charity*, 136을 보라. Hamel이 진술한 내용은 Clark and Haswell, *Economics of Subsistence Agriculture*, 58에 근거한다). 만약 탈무드에 나오는 한 석(cor)의 부피가 약 400리터라면, 약 11부셸(bushels, 곡물의 양을 세는 단위로 1부셸이 약 36리터 정도된다—역주) 정도 되며, 오늘날 밀의 평균 밀도는 1부셸당 약 27kg이고, 그래서 100×11×27/200 = 약 150명이다.

73 물론 D 사본에 나타난 변형된 독법은 보다 작은 단위인 카브(qab = 1/6밧[bath])로 나온다. Jeremias, *Parables*, 181에 나오는 논의와 비교하라. 여기서 Jeremias는 백말(cor)은 100에이커(acres)에서 수확할 수 있는 양과 146그루의 올리브 나무에서 수확할 수 있는 양이라고 한다.

해 보이지 않는다. 이것들은 초기 제국 통치하에서 화폐로 지불되었을 것이기 때문이다.[74] 누가복음 16장에 나오는 채무자들은 임대료가 많이 체납된 개인 소작농일 것이다.[75] 하지만 그 비유가 촌락 전체를 소유한 사람에 대해 이야기한다고 가정하는 것이 가장 그럴듯하다. 소작인들로 형성된 촌락들은 대표자들을 통해 매년 생산물을 농경지에 대한 임대료로 지불한다. 그러면 부자는 이러한 생산물들(기름과 밀은 협상 가능한 것이다)을 팔거나 자신의 가족을 부양하는 데 사용한다. 어떤 경우에 빚은 사채다. 이런 해석은 누가복음 16:4에서 지지된다. "내가 직분을 빼앗긴 후에 사람들이 나를 자기 집으로 영접하리라." 그 관리인은 주인을 속여 사실상 촌락 전체를 "친구"로 만들었다.

마태복음 18:23-25과 누가복음 16:1-8, 누가복음 7:41-42에 나오는 간단한 이야기의 특별한 관심사 중 하나는 빚의 면제 또는 빚의 탕감이다. 마태복음 18장과 누가복음 7장에서 작은 왕 혹은 부유한 대금업자가 그 좋은 예를 보여준다. 이 비유들에 따르면, 그런 일들은 "실제 세계"에서 발생한 것들이다. 그러나 지금까지 우리가 보았던 것처럼 빚의 탕감은 고대 농경 사회에서 자주 등장하는 혁명의 구호였고, 그래서 갈릴리 예언자의 입에서 나온 그 이야기들은 전복적으로 들렸을 것이다.

누가복음 16장의 경우는 약간 다르다. 그 아랫사람은 전부는 아

---

74   Rostovtzeff, *SEHRE*, 1:208-9; 마 18장.
75   임대료는 일반적으로 1년에 약 10석이었다: *m.B.Mes.* 9:7. Applebaum, "Economic Life," 659.

니지만 빚을 줄여준다(참조. 마 18장에 나오는 아랫사람의 행위와 대조된다). 그럼에도 갚아야 할 액수를 감면해주는 것의 제한적인 본질은 다른 두 개의 이야기와 동일하다. 빚을 처리하는 것과 더불어 주인의 신뢰를 배신한 일은 그와 같은 관계 안에서 지켜야 할 신의라는 당시 사회적 관습의 폐기와 빚에 대한 엄격한 징수를 보여준다.[76]

예수는 마태복음 18장과 누가복음 16장 그리고 누가복음 7장의 이야기들을 통해서 **빚 용서에 대한 반응**과 관련해서 중요한 언급을 한다. 마태복음 18장은 헬레니즘 사회의 군주를 용서의 행위에서 요구되는 자비함의 모델로 묘사한다.[77] 종이 청원하자 왕은 동정심이 생겨(마 18:27) 그가 감당해야 할 의무를 면제해준다. 이런 관대한 행위는 이어지는 그 종의 행위와 극명한 대조를 이룬다. 그가 자신에게 아주 적은 액수를 빚지고 있는 종을 만났을 때, 그 종을 채무자의 감옥으로 처넣는다. 얼마나 냉혹한가! 이것은 분명히 이 비유가 끌어내고자 한 반응이다. 막대한 액수의 빚을 지고 있는 종은 자신에게 보여준 관대함과 호의에 감사하지 않았고, 그래서 적어도 자신의 그런 행동에 대해 어떤 주장을 하기에 충분치 않았다. 군주의 격노(마 18:34)는 이 냉혈한에 대한 신속한 처벌의 문제를 제기한다.

이 비유의 초점에 대한 긍정적 사례가 누가복음 7:41-43에 나온다. 이 이야기에서 "용서받은 자"의 반응은 자비로운 채권자를 향한 사랑으로 반응한 것으로 평가된다. 이러한 반응은 마태복음

---

76   Cicero, *De officiis* 2.84.에 나오는 구절을 다시 상기해보라.
77   de Ste. Croix, *Class Struggle*, 163.

18장과 누가복음 7장이 모두 보여주는 공통된 특성(빚을 용서해준 채권자는 감사와 사랑으로 되돌려 받는다는 것)이다. 채권자를 향한 사랑이든 채무자에 대한 자비든지 간에 반응의 목표는 용서나 면제의 경험에 상응하는 응답("사랑," 다른 사람들에게 보여주는 동일한 관대함)이라는 근본적인 사실을 모호하게 해서는 안 된다. 이 두 이야기에서 "은혜"는 아무런 조건 없이 주어지는 것이 아니다. 역설적이게도 용서는 받는 이들에게 훨씬 큰 의무를 안겨준다.

또한 관대한 용서에 대한 반응은 누가복음 16:1-8에서 나오는 관리인의 행동 중 가장 중요한 것이다. 이 비유와 악한 소작농 비유를 비교할 때 반전이 일어나고 있음을 볼 수 있다.(막 12:1-12에는) 땅주인과 소작농(누가복음 비유의 관리인과 동일한 사람) 사이의 중개인들이 임대료를 징수하려고 할 때 린치를 당하고 심지어 살육을 당한 것으로 나온다. 여기서 관리인은 규범적 질서를 위반하고 "자신의 이익을 실현"하기 위해 행동한다. 직분을 박탈당한 엘리트들이 일반적으로 할 수 있는 일의 과정이 누가복음 16:3에 나온다. 곧 그것은 권리를 박탈당한 노동자나 걸인들이 하는 일이다. 이런 중개인들이 빚의 압박 아래 있는 농경 사회의 질서를 강제하는 자들인 만큼 그들은 농민들로부터 증오의 대상이 되었다.

그 관리인의 행위들은 당시에 충분히 일어날 수 있는 전형적인 사건으로 이해되어야 한다. 정치적으로 기민한 그런 행동은 농경 사회의 관점에서 볼 때 자명하다. 그 관리인은 채무자들이 지고 있는 의무에서 그들을 벗어나게 해주는 방법을 통해 자신을 위한 긍정적인 대안들을 만들어낸다. 그러나 지배적인 문화의 관점에서 볼 때,

부정이 개입된 점(참조. 눅 16:8, "옳지 않은 청지기")은 간과될 수 없다. 예수는 왜 그 사람을 칭찬했을까? 그는 부자들에 반대하여 억압받는 농민들의 편을 들고 있는가? 그렇게 한다고 해서 자급자족의 분위기가 바뀌지는 않을 것인데 그 시대의 정서상 예수는 지주 계층과 농민들 양측 모두에 반하는 태도를 보인 셈이다. 그래서 이 이야기는 (누가가 잘 알고 있었던 것처럼) 부자들을 겨냥한 것으로 보인다. 관리인의 행위를 칭찬한 것은 그의 관대함이다. 자신의 이익 때문에 동기 부여가 되는 것이 확실한, 특히 유익한 결과 때문에 동기 부여가 되는 것이 확실한 관대함 말이다. 이것은 억압의 상황을 완화할 뿐만 아니라 농민들과 새로운 관계를 맺기 위한 기반을 조성하는 관대함이다. 오직 착취와 억압이라는 한 가닥으로만 연결된 엘리트와 농민들 사이의 관계는 새로운 가닥들을 추가함으로써 수정된다. 그 관리인은 이제 농민들 위에 군림하지 않고, 그들의 수준(다시 말해서 더 낮은 수준!)으로 내려갈 것이다.

다른 전승 구절들 역시 빚이나 빚 탕감의 주제를 다루고 있다. 마태복음 25:14-30(눅 19:11-27)의 달란트 비유에서 주인은 자신의 부를 늘려주는 종들을 칭찬한다. 이것이 전통적인 기대다. 대출은 이자를 받기 위해 실행될 것이다. 더 많은 것을 획득하기 위해 주인의 자본을 이용하지 않는 종은 곤경에 처한다. 비록 귀중품을 비축하는 것도 자본을 다루는 사회적으로 용납된 방식이었음도 불구하고 말이다.[78] 어떤 점에서 이 비유는 악한 소작농 비유(막 12:1-12)처

---

78   Finley, *Ancient Economy*.

럼 로마인들의 통치 아래서 주어지는 새로운 질서를 아주 생생하게 묘사한다.

방탕한 아들에 관한 이야기(눅 15:11-32)는 도덕적 빚의 문제를 탐구한다. 그 아들은 아버지가 죽기 전에 자기 몫의 유산을 요구함으로써 전통적인 관습을 위반한다. 사실상 그 아들은 아버지가 죽은 것처럼 행동한다.[79] 그러나 그 아버지가 보여준 이후의 행동은 그런 아들 역시 죽은 자로 간주하는 당시의 전통적인 관습을 위반한 것이다. 아버지가 아들의 통탄할 만한 사회적 죄를 용서하고 그의 신분을 회복시켜준다. 예수는 관습적 규범들을 위반하는 것을 통해 새로운 삶의 가능성을 보여준다.

물론 신약성서 주석가들이 예수 전승 안에 나오는 빚의 용서에 대해 집중된 관심을 간과하지는 않았지만, 그들은 그것을 가지고 어떤 중요한 사회적 결론을 내린 적이 거의 없다. 이런 복음서 구절들에 대한 해석은 예수가 특히 토지를 갖지 못한 사람들, 즉 이런저런 이유로 구걸과 매춘 및 세금 징수 혹은 하는 일이 토지와 직접적으로 관련되지 않는 다른 직업을 갖도록 강요된 사람들에게 마음을 기울이고 있음을 제안한다.[80] 우리는 이들 중 많은 사람이 부채의 현실을 알고 있었다고 추측할 수 있다. 아마도 그들은 빚에서 벗어날 수 없었고, 그로 인해 "정상적인" 사회적 유대 관계에서 배제되었을 것이다. 그들은 자신들의 물질적인 필요와 예수 운동의 목표를 가장

---

79   Bailey, *Through Peasant Eyes*.

80   앞에 있는 각주 42번에서 인용된 Schottroff와 Stegemann의 책들을 보라.

두드러지게 표현한 것인 주의 기도 사이에 모종의 연관성을 만들지 않았을까? 우리는 이 질문에 대한 답을 다음 장에서 탐구할 것이다.

결론적으로 만약 지금까지 진전시킨 해석이 허용 가능하다면, 예수의 활동은 고대의 규범들과 관련해서 명백하게 혁명적인 양상을 띤다고 말해야 한다. 한편으로 그의 행위와 선포들은 사회적 계층화와 권력의 물질적인 기제를 해체하는 것을 옹호했다고 할 수 있다. 다른 한편으로 정치적 권세자들은 의심할 나위 없이 예수가 부채를 공개적으로 폐지한다고 한 선언에 있는 전복적이고 혁명적인 의제를 인식했을 것이다. 예수는 혁명가로 낙인찍힐 게 뻔한 무장 반란을 옹호할 필요가 없었다. 실제로 그는 무장 반란을 옹호하지 않았다. 그러나 하나님의 통치와 함께 도래하는 해방에 대한 그의 비전은 팔레스타인에서 작동하는 로마 제국의 질서의 중요한 요소들을 직접적으로 공격했고, 빚 때문에 희생된 사람들로 이루어진 추종자를 끌어모았다.

제3장

사회적 관점으로 바라본 주의 기도

갈릴리 촌락들에 전해진 주의 기도는 혁명적인 "지혜"와 "예언적인" 가르침이었다.[1]

서론

근대 이후 주의 기도에 대한 진술들이 쏟아졌다. 마치 가능한 모든 것이 진술된 것처럼 여겨질 정도로 제시되었다. 이런 학술적인 논문들은 언어 양상들(그리스어와 아람어 그리고 심지어는 히브리어), 다양한 형태의 그리스어 본문과 Q의 관계, 그리고 주의 기도 혹은 그것의 개인적 청원의 의미와 관련해서 많은 도움을 준다.[2]

이번 장에서 나는 예수 기도의 전승사와 사회적 의미를 중점적으로 다루고자 한다. 나는 기존 학문의 내용을 전제하거나 그것을 이용하지만, 언어 혹은 본문 문제와 관련하여 극적이고 새로운 무언가를 제공할 의도를 갖고 있지는 않다.[3] 정경 본문은 전승사를 탐구하기 위한 출발점을 제공한다. 상충하는 사회적 관심들이 전승을 자극한다는 점에서 사회적 의미를 전승사와 발맞추어 살펴본다. 나는

---

1 Duling & Perrin, *The New Testament*, 25. Duling & Perrin은 주의 기도 연구에 적용된 방법들에 관한 훌륭한 논의와 더 나은 연구를 위한 가치 있는 출발점을 제공한다.

2 Mark Kiley가 작성한 최근의 참고문헌 목록은 250개가 넘는 항목을 포함한다. Kiley, "The Lord's Prayer and Other Prayer Texts from the Greco-Roman Era: A Bibliography."

3 이 연구의 목적을 위해, (주의) 기도가 하나의 부름과 각각 두 개에서 네 개의 청원이 나오는 두 개의 목록(목록 1=청원 1-3, 목록 2=청원 4-7) 그리고 결론적인 찬가 혹은 "찬미"에 관해서 공식적으로 논의된다.

가장 이른 시기의 예수 운동의 의미를 예수 시대에 존재했던 중요한 "사회적 문제", 즉 부채 증가와 빚 때문에 땅에서 쫓겨난 사람들의 계층 확대의 관점에서 분석한다. 주의 기도가 문서 형태로 전달됨에 따라 다양한 필사자의 관심사들이 주의 기도 전승 안에 윤색되어 포함되었다. 여기서는 뚜렷하게 구별되는 두 가지 종류의 필사자 배경, 곧 갈릴리에서 형성된 Q의 최초기 단층의 촌락 및 소도시의 필사자 정황과 Q의 후대 수정본의 유대 지방 필사자들의 관심사를 고려한다. 주의 기도가 정경 마태복음과 누가복음 그리고 간접적으로 요한복음에 병합될 때쯤에 유대적 관심이 우세하게 되었고 본래의 예수 운동의 근본적인 관심사가 체계적인 방법으로 개정되었다.

이 연구를 위한 기본적인 사회 모델들

분명한 사회 모델들을 채택하는 것은 주의 기도가 예수로부터 시작해서 정경 복음서와 후기 기독교 전승들에 포함되기까지의 "궤적"에 관한 독특한 관점들을 알 수 있게 해준다. 주의 기도의 의미는 사회 체계와 청원자의 사회적 위치에 크게 좌우되는데, 이런 점에서 사회과학 비평은 이 연구의 접근 방법과 연구되는 가설들, 주석, 결론 안에서 현저한 역할을 하는 연구 방법론이라 할 수 있다.[4] 본문의

---

4   Elliott, *What Is Social-Scientific Criticism?* 의미와 사회 체계의 관계에 관해서는 Malina, *The Social World of Jesus and the Gospels*, 10, 17을 보라.

의미는 비판적으로 재구성된 사회 세계를 통해 인식된다. 이것 때문에 접근 방식은 변증적이며, 그것이 자료들에 대해 신뢰할 만하고 합리적인 설명을 제공하며 주요 대안들을 병합하거나 배제할 수 있음을 가정할 때 설득력을 지닌다.

최근의 연구는 예수가 살던 시대의 팔레스타인에는 종교가 정치 안에 포함되어 있었다고 강력하게 주장한다.[5] 종교와 신학은 특정한 종류의 사회적·경제적 관심사들과 밀접하게 연결되어 있었고, 우리가 현재 갖고 있는 본문 전승들은 그런 연관성 가운데 일부를 복구할 수 있게 해준다. 그래서 이 연구를 위한 주요한 가정들을 제공하는 사회 모델은 **예수의 메시지가 눈앞의 필요에 구체적인 용어로 대답했다**고 생각하는 것에서부터 시작한다. 일반적으로 예수는 농부들과 마찬가지로 신에 대한 제사장적 중재 혹은 제사장적 정결에는 관심이 거의 없었고, 물질적인 상황과 그것들을 통제했던 제도들의 변화에 무엇보다도 큰 관심을 기울였다.[6] 그는 강한 선민의식

---

5   Oakman, "The Archaeology of First-Century Galilee," 220-51; Horsley, "Jesus, Itinerant Cynic or Israelite Prophet?," 80; Malina, "'Religion' in the World of Paul."

6   여기에서 귀추법(abductive, 주어진 사실들로부터 시작해서 최선의 설명을 찾아내는 추론 방법—역주) 절차는 이어지는 내용들에서 정당화되는 농민에 관한 연구들과 예수 전승의 읽기에 달려 있다(Malina, "Interpretation," 259-60을 보라). 농민 종교의 일반적인 관심사들에 관해서는 Weber, *The Sociology of Religion*, 80, 82; Wolf, *Peasant*, 101; Reidfield, "The Social Organization of Tradition"을 보라. 물론 나사렛 예수는 농민 출신이었지만, 그의 관심은 농민의 지평에 전적으로 제한되지 않았다. 이것은 Oakman, *Jesus and the Economic Questions of His Day*, 175-98; Oakman, "Was a Jesus a Peasant?"에서 주장하는 사실이다. 게다가 예수의 "중개" 행위들은 사회적·경제적 질서를 지탱하는 것이 아니라 변형하는 것과 관련된다. 예수와 정결의 관계에 대해서 매우 다른 관점에서 진술하는 내용은 예수가 레위기의 목표들을 성취하는 것에 관심이 있었다고 주장하는 Chilton, *The Temple of Jesus*,

에서 벗어나 말했다. 신에 대한 그의 경험은 직접적이었고 중재 기관들이 거의 필요 없었다. 이런 특징은 예수 자료들이 갖고 있는 후기 유대 전승들을 통해 예수의 (메시아적) 권위와 신분의 증거로 이해될 수 있다. 예수의 목표가 무엇이었는지 뜨겁게 논쟁되어온 반면에, 그 자신은 초기 로마 시대 팔레스타인 상황에서 이스라엘의 핵심적인 전통들, 특히 모세(유월절)와 예언자(힘없는 자들을 위한 정의) 전통의 의미를 분명하게 말하고 싶었던 것으로 보인다.

사회 갈등은 초기 로마 시대 팔레스타인에서 고질적인 현상이었고, 복음서 전승들의 발전뿐만 아니라 예수의 활동에 수반되는 것으로도 가정할 수 있다. 그런 갈등을 "예수(또는 그리스도인들) 대 유대인"의 갈등으로 이해하는 것은 순진한 것이다. 복음서뿐만 아니라 요세푸스와 후기 랍비 전승들이 보여주는 것처럼 헤롯 가문 사람들이나 예루살렘에 있는 유대 엘리트들은 대중들에게 팽배한 적대감의 대상이었다. 주의 기도를 이해하는 데 필요한 첫 번째 틀인 사회적·정치적 갈등은 구약성서와 제2성전 시기에 산출된 이스라엘인들의 작품을 통해 우리에게 익숙해진 사회 현상들과 유사하다. 예컨대 기원전 8세기 예루살렘에 대한 미가의 장황한 비난(미 3:9-12)과 이후의 예루살렘 성전에 대한 예레미야의 심판 선언(렘 7:8-15)은 예수 시대에 존재했던 사회 갈등들(농민들과 촌락의 불만을 포함하는 갈등들)과 병행된다는 사실을 제안해준다. 에녹1서 전승들은 초기 헬

133을 보라. 예수는 여전히 제사장 기득권층과 근본적인 갈등을 겪고 있었다(앞의 책, 100-2).

레니즘 시대에 존재했던 비슷한 사회적 불만에 대해 시사해주고, 모
디인(Modein) 촌락과 소도시에서 시작된 마카비 가문의 반란은 확
실히 이런 농경 사회 색채를 띠고 있었다(마카베오상 2:23-30). 쿰란에
서 발견된 문학 작품들은 후기 헬레니즘 시대와 초기 로마 시대 동
안에 강력한 종교적 이데올로기로 뒤덮인 예루살렘의 정치가 꽤 불
안한 상태였음을 입증한다. 또한 요세푸스는 기원후 66-70년에 발
생한 유대-로마 전쟁 이전의 "강도떼"와 무질서를 상세하게 기록한
다.[7] 농민 예언자 나사렛 예수에 관한 유사한 내용이 있는데, 여기서
"아나누스(Ananus)의 아들 예수"는 기원후 62년 혹은 63년에 예루살
렘에 나타나 성전이 수치를 당하고 백성이 재앙에 직면해 있다고 선
언했다.[8]

동부 갈릴리 촌락들과 소도시들에서 활동한 가장 초기 예수 전
승 필사자들은 예수의 아람어 연설을 그리스어로 번역한 작품들을
산출했다. 주의 기도가 가지고 있는 원래 의미를 알기 위해서는 그
리스어로 기록된 Q 배후에 있는 아람어에 대해 언급해야만 한다.
그렇긴 하더라도 이 연구는 주의 기도가 가진 본래 의미를 파악하기
위해서 원래 단어들에 대한 정확한 지식에 의존하지 않고 단지 사
회적 고려 사항과 결합된 언어 요소에만 의존한다.[9] Q의 초기 전승

---

7   Horsley와 J. S. Hanson, *Bandits, Prophets, and Messiahs*에서 길게 논의된 자료들을
     보라. 또한 K. C. Hanson, "Jesus and the Social Bandits"을 보라.
8   Josephus, *Ant.* 6,300-305.
9   이런 생각과 문제 중 일부는 Oakman, "Rulers' Houses, Thieves, and Usurpers,"
     109-23에서 아주 간단하게 진술된다.

의 사회적 관심사와 예수의 관심사가 똑같지는 않더라도 서로 밀접하게 관련이 있었을 것이다.[10] Q는 원래 헤롯 정부 안에 있고(막 6:14; 눅 8:3; 13:31), 이후에 예수 전승 안에 널리 퍼져 있는 필사자의 관심사들(눅 11:39-52)에 과도하게 동조하지 않는 갈릴리 필사자들에 의해 편집되었다.[11]

예수의 기도가 상업적이고 어느 정도는 제국적인 용어로 기록되었음을 가정할 때, 그것이 생겨났을 때 가졌던 관심사들이 아닌 다른 관심사들이 더 중요해진다. 초기 단계에서는 (버논 로빈스[Vernon Robbins]가 고안한 용어인) "사회본문적" 고려 사항들이 보다 중요하게 다루어지고, 후기 단계에서는 "상호본문적"(intertextual) 고려 사항들이 다루어진다.[12] 문맹이었던 예수는 즉각적이고 구체적인 문제에 몰두했지만, **예수 이후의 전승들은 신학적인(기독론적이고 종말론적인) 추상화 작업이나 이스라엘의 위대한 전승들과 예수 자료를 연결하는 일에 더 큰 관심을 기울였다.** 또한 예수의 기도가 다른 사회적 삶의 정황에서 사용됨에 따라 정치사회적 관심들이 완화된(그러나 완전히 사라지지 않은) 반면 종교사회적 관심들은 더욱 두드러졌다.

---

10 나는 다음과 같은 이유들 때문에 예수가 글을 읽고 쓸 줄 모르는 농민이었다고 생각한다. 1) 예수는 우리가 알고 있는 그 어떤 기록물도 남기지 않았다. 2) 예수는 구전 연설 양식들(비유, 아포리즘)을 통해 알려졌다. 3) 일반적으로 농민 기술자들은 교육의 기회가 거의 주어지지 않았다(Oakman, "Was Jesus a Peasant?"를 보라). 어떤 학자들은 예수가 최소한의 토라 교육을 받았다고 주장했다(Klausner, *Jesus of Nazareth*, 234-35[193 참조]). 그러나 이것은 글을 읽고 쓸 수 있는 교육을 말하는 것이 아니다).

11 이것은 Kloppenborg, "Literary Convention"에 영향을 받았다.

12 Robbins, *Exploring the Texture of Texts*, 40, 71.

일반적으로 정결에 관한 관심과 심판을 강조하는 묵시적 관심은 긴밀하게 연결되어 있다. 쿰란 문서가 분명하게 보여주는 것처럼 유대인이 가진 묵시적 관심은 제사장과 성전을 향한 관심에 토대를 둔다.[13] 마찬가지로 신약성서의 묵시 이미지들(막 13장; 고전 5-6장; 계)은 폭력과 갈등으로 가득한 것을 보여주는데, 이는 결코 서로 함께할 수 없는 원칙들이 충돌하는 것을 반영해준다. 이런 관심사들은 제사장의 관점에서 불결한 상태에 있는 것들을 바로잡기 위해 하나님이 놀라운 방법으로 개입하시는 것에 대한 관심으로 나타난다. 그래서 예수와 예수의 목표 혹은 예수 자료를 묵시적으로 "읽는 것"은 성전 혹은 제사장적 관심사들(Q의 후대 수정본, 바울, 마가복음의 후대 편집본[11-15장])을 갖고 있었던 유대 필사자들에게 근거할 수 있다.

정경 본문들 안에 나오는 주의 기도

다른 형태의 주의 기도가 존재한다는 사실은 전승비평적 분석을 위한 핵심 근거를 제공하며 동시에 "사회적 상상력"을 본문과 사회 모델들 사이에서 변증법적으로 풀어내는 데 필요한 핵심 근거 중 하나를 제공한다. 따라서 우리는 가장 먼저 본문의 근거를 살피는 것에서 이 연구를 시작하고자 한다.

---

13   Collins는 이런 일반화가 매우 탁월한 최근의 일부 연구들을 얼버무리고 넘어가는 것이라고 인식했다(Collins, "Early Jewish Apocalypticism," 287). 그러나 지혜를 강조하는 유대 묵시 전통들조차도 여전히 제사장적 관심들과 궤를 같이한다.

"지식의 사회학"이라는 현대적인 쟁점이 마태복음과 누가복음에 나오는 본문들을 조화시키기 위해 의미를 가공하거나 두 본문을 빨간색 활자로 인쇄하는 것에 반영되어 있다. 이런 쟁점은 성서의 영어 번역 역사를 통해 매우 잘 입증된다. 중세 시대 때 영어권에 사는 개신교인들 사이에서 그리스어 성서가 최초로 인쇄되고 영어로 된 성서들이 출간되었으며 기독교 예전 전통들이 형성되었는데, 흠정역은 비전문가들이 이런 중세 시대에 가장 일반적으로 사용되었던 그리스어 공인 본문([*textus receptus*] 파리의 출판 및 인쇄업자였던 스테파누스[Robert Etienne Stephanus]가 출간한 에라스무스의 그리스어 신약성서 증보판을 말한다. 이 성서는 공인 본문으로 인정되어 19세기까지 고칠 수 없는 것으로 여겨졌다—역주)에 따라 번역된 주기도문의 형태에 가장 쉽게 접근할 수 있도록 해준다. 마태복음과 누가복음에 나오는 주의 기도는 거의 동일한 내용으로 인쇄되었다. 다만 누가복음에는 마지막 송영(doxology)이 없고, 누가복음 11:2에는 하늘과 땅이 바뀌어 나오며, 누가복음의 "날마다"(눅 11:3)는 마태복음에서 "오늘"(마 6:11)로 대체된다. 또 누가복음의 "죄들"(눅 11:4)은 마태복음에서 "빚"(마 6:12)으로 대체되고, 누가복음의 마지막 구절(눅 11:4)은 마태복음보다 길게 나온다(마 6:12). 마태복음과 누가복음의 주의 기도의 내용을 일치시키고자 하는 것은 공인 본문의 일반적인 경향에 해당한다. 중요한 본문들의 발견과 티셴도르프(Tischendorf)와 웨스트코트-호트(Westcott-Hort) 같은 학자들의 비평작업에 이어서 19세기 말에서 20세기 초에 나온 영어 개정판들은 보다 비평적인 독법을 포

함하기 시작했다.[14] 본문비평 연구의 진전에 대한 무지로 인해 에드
가 굿스피드(Edga Goodspeed)의 영어판(*The New Testament: An American
Translation*)은 대중들의 분노를 샀다.[15] 한 논평가는 예수가 했던 기도
를 그대로 두어야 한다고 제안하기까지 했다.

어떤 것도 그(굿스피드)의 파괴적인 펜을 멈출 수 없다. 심지어 그는
주의 기도를 축소해버렸다. 원래 그렇게 길지는 않지만, 그렇더라도
분주하고 서두르는 시카고 사람들이 기도를 위해 시간을 내면 얼마든
지 할 수 있는 청원을 말이다. 흠정역 번역자들이 결코 고치지 않았다
는 점에서 거의 2천 년 동안 거룩하게 여겨져 온 그 청원을 말이다.[16]

굿스피드는 영어개정판(ERV, 1881) 및 그것과 아주 밀접한 관계
가 있는 미국표준판(American Standard Version, 1901), 그리고 웨이머
스판(Weymouth, 1903)과 20세기 신약성서판(Twentieth Century New
Testament, 1905), 모팻판(Moffatt 1903)은 모두 누가복음 11:2-4에서
주의 기도의 내용이 단축되어 인쇄되었음을 정확하게 인식했다.[17]
나아가 보다 짧은 누가복음 본문은 개정표준판(RSV)과 비평적인 그

---

14 영어개정판(English Revised Version)이 1881-1885년에 나왔고, 그것에 상응하
    는 미국판이 1901년에 나왔다(구약과 신약을 포함하는 Holy Bible, 1991을 보라).
    Westcott와 Hort는 『그리스어 신약성서 서문』(*Introduction the New Testament in the
    Original Greek*)에서 수많은 비평적 문제들을 자세하게 설명했다.
15 Goodspeed, *The New Testament: An American Translation*.
16 Goodspeed, *As I Remember*, 176.
17 앞의 책, 177.

리스어 본문에 근거를 둔 현대 번역본들에 모두 채택되었다. 최소한 한 명의 학자가 공인 본문으로 돌아갈 것을 촉구했지만, 그의 주장은 설득력을 갖지 못했다.[18]

그리스어 본문 자체로 돌아가서 누가복음의 주의 기도에 포함된 여덟 개의 이독(변형된 읽기)은 마태의 병행 본문에서 유래했는데, 이는 초기 필사자들이 그 두 본문을 일치시키고자 하는 유혹 때문이었다. 누가복음에 나오는 확장된 고지(address)는 이런 이독의 전형이다. 알렉산드리아 사본과 (독법을 혼합하는 경향이 있는) 몇몇 서방 사본들은 "하늘에 계신 우리 아버지"라는 구절을 가진다. 마찬가지로 알렉산드리아 사본(특히 파피루스75 사본)과 서방 사본, 카이사레아 이전의 사본 유형들은 마태복음의 세 번째 청원을 누가복음 11:2에서 사용하는데, 이는 대부분의 그리스어 사본들과 다른 것이다.[19]

누가의 가장 흥미로운 이문은 11:2에 나온다. 몇몇 중세 사본들은 "당신의 거룩한 영이 우리에게 임하셔서 우리를 깨끗하게 하소서"라는 두 번째 청원을 갖고 있다. 이런 독법은 동방에서 니사의 그레고리오스(Gregory of Nyssa, 330-395년)의 작품을 통해 입증되고, 서방에서는 테르툴리아누스(Tertullian, 160-225년)를 통해 입증된다. 아

---

18 Bruggen이 이런 주장을 하며 현대 본문비평에 대해 회의적인 태도를 취했지만(Van Bruggen, "The Lord's Prayer and Textual Criticism"), Bandstra는 이런 주장을 철저하게 반박한다(Bandstra, "The Original Form of the Lord's Prayer").

19 다른 병행구들은 다음과 같다. 눅 11:3에서 *didou*가 단순과거(aorist) *dos*로, *to kath hēmeran*이 *sēmeron*으로 나오는 것; 눅 11:4에서 *tas hamartias*가 *to opheilēmata*로, *kai gar autoi*가 *hōs kai hēmeis*로, *panta opheilonti hēmin*이 *tois opheiletais*로, 그리고 *alla rhysai hēmas apo tou ponērou*가 삽입된 것.

마도 그런 독법은 기원후 2세기 몬타누스주의 사본 전승 안으로 들어가 세례와 관련되어 사용되었을 것이다.[20]

마태복음에 나오는 보다 긴 주의 기도는 내용을 일치시키기 위해 이문들(변형된 형태)은 나오지 않는다. 여기서 가장 중요한 이문은 송영 혹은 찬미("나라와 권세와 영광이 영원히 당신의 것입니다.")로, 이것은 디다케(Didache, 125년)에 나오지만 알렉산드리아와 서방, 카이사레아 이전 유형의 사본들에는 잘 나타나지 않는다(사본 전승은 흥미로운 사소한 이문들이 많이 있음을 보여준다). 또한 그것은 예전용으로 사용하기 위해 윤색된 것으로서 마태복음의 주의 기도 안으로 서서히 들어온 것으로 보인다.[21] 주의 기도의 두 가지 형태와 사본 전승 안에는 사소한 이문들이 많이 있지만, 이런 이문들이 완전하게 목록화되지는 않을 것이다.

따라서 주의 기도의 사본 전승은 주의 기도 본문이 부가나 수정에 의해 영향을 받지 않았음을 보여준다. 비평적인 그리스어 본문은 마태복음과 누가복음에 나타난 현저한 차이들을 유지하면서 주의 기도의 원래 형태와 의미를 고찰하기 위한 출발점이 되어야 한다.[22]

---

20   Metzger, *Textual Commentary*, 155-56. 『신약 그리스어 본문 주석』(대한성서공회 역간).

21   앞의 책, 16-17; Betz, *The Sermon on the Mount*, 414-15.

22   Nestle-Aland 27판은 이런 토대를 제공한다.

주의 기도의 전승사와 사회 상황

주의 기도의 초기 전승사는 주로 정경 신약성서 자료들(마태복음과 누가복음으로부터 추론된 Q; 바울 서신과 마가복음 및 요한복음에 나오는 암시들)을 통해 재구성되어야 한다.[23] 디다케 8장은 마태복음 이후에 형성된 시리아 전승의 참고 자료를 제공하지만, 도마복음은 주의 기도를 암시하지 않거나 부가적인 통찰력을 제공하지 않는 것으로 보인다. 보다 이른 몇몇 단계들 혹은 층들이 정경 자료들을 전승비평으로 분석하면서 인식될 수 있다. 마지막 이전 단계는 Q에 나오는 주의 기도의 가장 후기 형태와 일치한다. 예수로부터 시작해 Q의 가장 후대 수정본으로의 발전은 흐릿하게 인식된다. 예수 자신이 사용한 주의 기도의 형태에 대한 몇몇 제안들이 제시될 수 있다. 이제 이 단계들을 역순으로 살펴보자.

3단계: Q의 가장 후대 수정본의 배경

주의 기도 발췌가 Q에 속해 있는지에 관한 의구심은 지속적으로 제기되고 있다.[24] 클로펜보그는 주의 기도가 지혜 언설들의 정수라는

---

23   Brooke은 바울 서신과 요한복음에 있는 보다 광범위한 암시들을 찾아낸다(Brooke, "The Lord's Prayer Interpreted through John and Paul"). Houlden, "The Lord's Prayer," 357에 나오는 그림과 비교해보라.

24   Kloppenborg, *Q Parallels*, 84에서 유용한 연구가 제공된다.

점에서 주의 기도를 Q의 가장 이른 층(Q1)으로 받아들인다. 그러나 야콥슨(Jacobson)은 주의 기도가 성숙한 신앙을 가진 자들을 위해 보존된 "비밀 가르침"이었을 것이라고 생각하는 맨슨(Manson)의 주장을 따라 주의 기도가 이후 Q에 추가된 것으로 본다. 베츠(Betz) 역시 주의 기도가 보다 후기에 두 개의 다른 판으로 Q에 포함되었고, 그리스어로만 존재했다고 주장한다.[25]

마태복음과 누가복음 배후에 Q가 있다고 주장하는 가장 설득력 있는 근거들이 첫 번째와 두 번째 청원과 에피우시온([epiousion], 대개 "날마다"로 번역된다)이라는 단어의 문자적 일치에 있다. 후자와 관련해서 완전히 독립된 두 가지 판의 주의 기도가 고대 그리스어에서 단 한 번 나오는 언어(hapax legomenon)를 아람어로 전달하는 것은 매우 어려울 것이다. 이런 사실은 공통의 그리스어 기원을 이용해 정경 복음서에 나오는 주의 기도들을 설명하기가 더 쉬워 보인다는 점을 말해준다. 그런 공통된 형태에서 벗어난 것은 번역 때문이라기보다는 복음서 저자들의 편집작업 때문이라고 말하는 것이 설명하기 더 쉽지만, 그들의 언어상의 차이들은 여전히 주의 기도의 초기 역사에서 비롯된 의미의 불확실성을 반영한다. 마태와 누가가 취해서 편집하기 전인 가장 늦은 단계의 Q에서, 주의 기도는 다음에서

---

25 Kloppenborg, *The Formation of Q*, 203-6; Jacobson, *The First Gospel*, 158-59; Botha, "Recent Research on the Lord's Prayer," 43. Betz, *Sermon on the Mount*, 371. "만약 주의 기도가 Q의 일부였다면, Q의 발전된 두 가지 판 이후에 그것의 일부가 되었음이 틀림없다." Betz는 주의 기도가 아람어판으로 존재했다는 사실을 부인한다(375쪽). "우리가 갖고 있는 주의 기도가 처음에 아람어나 히브리어로 작성되었고 그다음에 그리스어로 번역되었다고 제안하는 그 어떤 증거도 없다."

제시되는 그림과 유사한 형태를 띠었다.[26]

그림 3.1: Q의 주의 기도 형태

	고지	Pater, 아버지
목록 1	청원 1	hagiasthētō to onoma sou 당신의 이름이 거룩히 여김을 받으소서
	청원 2	elthetō hē basileia sou 당신의 나라가 임하소서
목록 2	청원 4	ton arton hēmōn ton epiousion dos hēmin sēmeron 우리에게 일용할 양식을 주소서 (epiousion의 의미는 확실하지 않음)
	청원 5	kai aphes hēmin ta opheilēmata hēmōn, kai gar autoi aphēkamen tōi opheilonti hēmin 우리를 우리의 빚에서 사하여 주소서 우리가 우리에게 빚진 자들을 사하여 준 것처럼
	청원 6	kai mē eisenegkēs hēmas eis peirasmon 우리를 시험에 들지 않게 하소서

Q의 주의 기도에도 불구하고 "원래의 아람어 형태"가 그리스어 배후에 있다고 주장하는 예레미아스의 견해는 상당히 그럴듯한데, 이는 마태복음과 누가복음에 나오는 서로 다른 단어들이 보여주는 의

---

26 Davies & Allison, "Excursus," 591; Dulling & Perrin, *The New Testament*, 16.

미의 불확실성 때문이다. "길이와 관련해서는 누가복음 본문이 가장 오래된 형태를 유지하지만, 단어들과 관련해서는 마태복음 본문이 보다 원본에 가깝다."[27] 예레미아스가 누가복음의 길이에 우선권을 주는 이유는 네 가지다. 1) 마태복음 본문이 보여주는 엄격한 병행은 물론 2) 마태복음에 나타난 엄청난 윤색이 예전을 위해 사용하는 마지막 결과물임을 제안한다. 더욱이 3) 누가복음 본문이 간단하게 "아버지"를 부르는 것과 대조적으로 마태복음은 "하늘에 계신 우리 아버지"라고 부르는데, 이는 예수가 사용한 "아바"라는 아람어를 반영하며 후대의 기독교가 채택한 것으로 보인다(바울서신: 롬 8:15; 갈 4:6; 디다케 8). 마지막으로 4) 예레미아스는 누가복음 본문의 주의 기도에 나오는 처음 두 개의 청원과 유대 회당의 카디쉬(Qaddish) 사이의 병행에 주목한다. 카디쉬는 다음과 같이 시작한다(다음에 나오는 내용은 예레미아스가 재구성한 것이다).

그가 자신의 뜻에 따라 창조하신 세계에서 그의 크신 이름이 높임을 받으며 거룩하게 되소서. 그가 저희의 평생 동안에, 그리고 저희의 시대에, 그리고 이스라엘 온 집이 살아가는 동안에 그의 나라의 통치가 속히 그리고 곧 이루어지게 하소서. 그리고 이것을 위해 말합니다. 아멘.[28]

---

27 Jeremias, *Prayers*, 93; Fitzmyer, *Luke*, vol. 2, 897.
28 Jeremias, *Prayers*, 98.

다른 한편으로 예레미아스는 마태복음과 누가복음 본문의 주의 기도에 나오는 구체적인 단어들의 측면에서 볼 때, 마태복음 본문이 몇 가지 점에서 초기 이해를 반영한다고 하는 이례적인 결론을 내릴 수밖에 없었다. 이런 고찰들이 함축하는 것은 "원래의 아람어 형태"에 대한 비평적인 논의가 여전히 필요하다는 점이다. 이런 작업 안에서 예레미아스의 입장을 약간 수정할 필요가 있더라도 말이다. 누가복음과 마태복음 사이에서 볼 수 있는 분명한 변화와 확장은 셈어(아람어와 히브리어)의 의미뿐만 아니라 그 전승 안에서 작동하는 사회적 관심사들에 의해 지배되는 경향을 보인다.

비록 일반적일지라도, Q의 개정들(recensions)이 사회적 기원에서 나왔다는 생각들을 어느 정도 확실하게 하는 일은 중요하다. 클로펜보그는 이런 문제들에 대해 지금까지 가장 만족할 만한 제안을 제시해왔다. 그는 Q1의 내용과 구성에 나타난 지혜적 관심들("지혜적 Q")은 소도시와 촌락의 서기들, 즉 도시와 촌락들의 하급 행정 분야에 종사하는 "소시민"('petit bourgeois')에게 적절한 것이라고 언급했다. 이집트에서 나온 증거를 볼 때, 정확하게 이들 분야에서 교훈적인 장르가 구축되었음은 분명한 사실이다.[29] 게다가 지혜는 대개 왕실의 행정을 담당하는 사람들이 가진 관심사였다. 또한 "대안적

---

29 Kloppenborg, "Literary Convention, 85. Jacobson은 "지혜"에 대해 의구심을 가진다(Jacobson, *First Gospel*, 257). 그는 하나의 단일한 집단이 가진 통시적인 경험들에 근거하여 Q의 변형들을 설명하는 것을 선호하지만(256), 그 제안은 다른 필사자의 영역들에서 이루어지는 활동을 가정한다.

나라"에 대한 Q1의 은유적인 집착 역시 이런 사실을 말해준다.[30] (마 9:9에서 가리키는 것처럼?) 갈릴리 호수 주변에 사는 헤롯 안티파스의 행정가들이 Q의 초안을 제공했을 것이라는 제안은 클로펜보그의 주장을 한 단계 넘어서는 것이다. 비록 그가 그런 생각을 하도록 자극했을지라도 말이다. 클로펜보그는 티베리아스를 아그리파 2세에게 이양하고(54년) 그것과 더불어 왕실의 기록물을 다시 세포리스로 이전한 사실의 흔적이 예언적 형태로 변하면서 Q 전승 안에 남겨졌다고 제안한다. 고대 개정들이 정치적 운명의 변화와 자주 관련되었다는 점을 감안할 때, Q2("신명기적 Q")에 나타난 보다 강한 유대적 성격을 세포리스 필사자들의 작업과 관련시키는 것은 확실히 일리가 있다.[31] 이런 고찰들은 Q1이 기원후 20년대 후반에서 54년 어간에 만들어졌고, Q2는 54년에서 66년 어간에 만들어졌다고 주장하게 해준다.[32]

자하비(Zahavy)는 유대-로마 전쟁 시기 필사자 중심 사회에 대한 통찰력을 제공해왔다. 그는 그 전쟁의 여파 속에서 쉐마 및 신명기와 관련된 자신들의 궁극적인 관심사들과 경건에 초점을 맞춘 필사자들과 아미다(Amidah, 유대인들이 하루 세 차례 드리는 예배 때마다 선자세로 암송하는 기도—역주)에 관심을 집중한 필사자들 사이에 갈등

---

30 Kloppenborg, *Formation of Q*, 317-20.
31 Coote & Coote, *Power, Politics, and the Making of the Bible*. 세포리스의 유대적 성격에 관해서는 Stuart S. Miller, *Studies in the History and Traditions of Sepphoris*를 보라.
32 Jacobson은 아마도 그 상황이 두 번째 단계의 발전에서 보여주는 것보다 훨씬 복잡했다고 지적한다(Jacobson, *First Gospel*, 251-55). 그러나 이 글의 목적과 관련해서, 두 개의 중요한 상황을 식별하는 것으로 충분하다.

이 있었음에 주목한다. 다음은 그가 주목한 상황이다.

> 성전이 파괴된 후 중대한 기로에 놓인 과도기에, 쉐마는 전문 필사자
> 집단과 그 지지자들이 행하는 주요한 의식으로 나타났다. 아미다는
> 주로 가부장적인 가정과 그들의 제사장적 지지자들이 후원하는 의식
> 이었다.[33]

이들 두 필사자 집단은 모두 예루살렘-유대의 문제에 관여했지만,
자하비가 말한 "전문 필사자 집단"은 예루살렘보다 성전 및 제사장
직과 관련된 집단들과 더 관련되었을 것이다. 따라서 (자하비가 인식
한 것처럼) 제2성전기 유대교는 이들 두 필사자 집단의 관심들이 타
협을 이룬 것이었다고 할 수 있는데, 이는 회당예배에서 쉐마와 아
미다를 결합하여 사용했다는 점에서 알 수 있다. 25년 전 혹은 그 이
전에 일어났던 유사한 상황을 가정하면서, 자하비가 Q 전승에 관해
연구하여 제안한 내용은 다음과 같다. Q1은 헤롯 필사자들의 결과
물이었고, Q2는 쉐마를 통해 신학 작업을 하는 유대 필사자들의 결
과물이었다. Q1과 Q2의 논리적인 연속성과 (바리새인들과 벌인 강력
한 논쟁과 제2성전기의 발전들 안에 있는) 보다 후기의 공관복음 전승을
추적할 수 있게 되었다.

---

33   Zahavy, *Studies in Jewish Prayer*, 87.

2단계: 예수와 Q2 사이

예수가 죽은 후 몇 년이 지나지 않아 몇몇 용감무쌍한 수집자(혹은
수집자들)가 입으로 전승된 예수 자료를 모아 그것으로 글을 쓰기 시
작했다. 2세기에 파피아스는 "마태는 히브리어로 말해진 말씀들을
수집해서 자신이 할 수 있는 한 최선을 다해 그것들을 해석했다"고
주장했는데, 이 주장을 이 단계에 적용하는 것은 적절해 보인다.[34]
예수의 말씀은 원해 아람어(파피아스는 히브리어라고 함)로 존재했지
만, 초기의 Q1에서처럼 부분적으로는 그리스어로 존재했다.

    20세기에 수많은 학자가 (그리스어에서 아람어 혹은 히브리어로)
역번역(retrotranslation)을 시도했다. 그중 주목할 만한 것은 달만
(Dalman)과 예레미아스, 피츠마이어(Fitzmyer), 드 무어(de Moor)의 시
도들이다.[35] 달만과 예레미아스, 피츠마이어가 예수가 사용한 "일상
적인" 언설을 복원하려고 한 데 비해, 드 무어는 주의 기도를 "문학
적 아람어"의 영역 안에 둔다. 그림 3.2는 Q2의 아람어 예시다(피츠
마이어).

---

34   Eusebius, *Eccl. Hist.* 3.39-26. Kloppenborg는 이렇게 하는 것에 대해 매우 회의적이
      다(Kloppenborg, *Formation of Q*, 51-54).

35   Dalman, "Anhang A: Das Vaterunser," *Die Worte Jesu*, 283-365; Jeremias,
      "The Lord's Prayer in Modern Research"; Fitzmyer, *Luke*, vol. 2, 901; de Moor,
      "Reconstruction," 403 각주 17. 또한 Davies & Allison, "Excursus," 593을 보라.
      Meier는 예수에게서 유래한 원래의 아람어 기도가 있었다고 믿는다(Meier, *A*
      Marginal Jew, 291-302). 주의 기도의 히브리어 예시를 위해서는 Young, *Jewish*
      *Background*을 보라.

그림 3.2: 아람어로 된 주의 기도

고지		'abba' 아버지
목록 1	청원 1	ythqdsh shmk 당신의 이름이 거룩히 여김을 받으소서
	청원 2	thîthî mlkûthk 당신의 나라가 임하소서
목록 2	청원 4	lḥmn'a dîmsthî'a hb lnâ yôm'a dnâ 오늘 우리에게 충분한 양식을 주소서
	청원 5	ûshbôq lnâ ḥôbîn'a kdî shbqn'a lḥîbîn'a 우리의 빚을 면제해주소서 우리가 우리의 채무자를 면제해준 것처럼
	청원 6	wl'a th'alînn'a lnsiyôn 제발 우리를 시험에 들게 하지 마소서

다양한 가정이 제시되고 있고, 그로 인해 재구성에 대한 합의가 이루어지고 있지 않다. 특히 현대의 역번역에 나타난 변형들이 두 번째 목록에 나온다. 피츠마이어는 다음과 같이 말한다. "'우리 아버지'의 원래 아람어 형태를 재구성하는 것은 항상 문제가 될 것이다. 무엇보다도 예수 시대에 팔레스타인에서 사용한 아람어에 대한 우리의 지식 때문에 말이다."[36] 아람어뿐만 아니라 아람어 역번역을 좌

---

36   Fitzmyer, *Luke*, vol. 2, 901.

우하는 그리스어의 의미 역시 모호하다. 그러나 아람어 재구성에 대한 합의가 가능하지 않을지라도, 전승 안에 있는 일부 세부적인 것들이 그나마 안도할 수 있게 해준다.

바울과 마가가 **아바**('*abba*')를 사용했다는 데서 주의 기도의 역사와 관련된 중요한 정보를 얻을 수 있다. 주의 기도가 하나님과 직접 대화한다는 선민의식을 심어준다는 점에서 이들 두 저자는 예수가 하나님을 특별하게 이해했음을 잘 알고 있는 듯하다(눅 10:21-22[Q]; 롬 8:15-16; 막 1:10-11; 14:36). 마가복음 11:25과 14:36도 세 번째와 다섯 번째 청원을 반영하는 것으로 보이지만, 바울뿐 아니라 마가도 주의 기도 전체를 인용하지는 않는다. 그렇다면 우리는 바울과 마가의 글에 주의 기도가 나오지 않는다는 것을 어떻게 이해해야 할까?

고린도 서신과 로마서 15장, 사도행전에서 분명하게 나타난 것처럼 바울은 광범위한 지역을 여행했다. 그리고 이것 때문에 그가 특정한 초기 예수 전승의 경향들을 어디서 접했는지 정확하게 결정하는 일은 쉬운 일이 아니다. 빅터 폴 퍼니시(Victor Paul Furnish)는 바울 서신들에 사용된 인용과 암시들을 신중하게 고찰하여 바울이 구약성서를 많이 이용한 것과 달리 예수 전승은 거의 언급하지 않았다는 사실을 연구했는데,[37] 우리는 이런 연구를 주의 깊게 살펴봄으로

---

37 "[우리는] 바울의 편지들 안에 예수의 가르침에 대한 직접적인 언급이나 인용들이 상대적으로 희박하다는 점을 인정해야 한다. 바울이 자신의 선교 설교에서 이미 그 것들을 전했다는 점에서 자신의 독자들이 그것들을 잘 알고 있다는 사실을 전제하고 글을 썼다는 주장은 설득력이 떨어진다. 그는 구약성서에 대한 지식을 전제로

써 다음과 같은 사실을 발견할 수 있다.

1) 바울은 Q를 단편적으로만 알고 있었던 것으로 보인다. 즉 독특한 갈릴리 형태의 Q(예를 들어 지혜적 Q) 말이다. 고린도전서 9:14과 10:27은 누가복음 10:7, 8을 각각 암시한다. 이들 구절은 바울과 Q1과 관련된 유일한 구절들로 보인다. 고린도전서에 나오는 지혜에 대한 일반적인 관심으로 볼 때, 고린도 교회의 당파 중 하나는 한 사본을 가지고 있었을 것이다. 그러나 바울이 전하고자 하는 바를 효과적으로 전하는 데 유익할 수도 있는(예를 들어 고린도전서 11장에 나오는 공동체 식사를 둘러싼 문제들에 대해 언급할 때 그 문제들과 관련된 주의 기도의 내용을 제시할 수 있을 것이다) 주의 기도를 언급하지 않은 것은 그것에 반대했거나 최소한 바울이 그것을 알지 못했기 때문이라고 할 수 있다.

2) 만약 그렇지 않다면, 바울은 공관복음에 나타난 "유대적" 요소들에 보다 익숙했기 때문일 수 있다. 그가 고린도전서 7:10-11에서 마가복음 10:11(이혼과 재혼) 혹은 누가복음 22:17-19(잔과 떡을 위한 감사)을 언급할 때처럼 말이다. 이미 데살로니가전서 5:2, 4에는 누가복음 12:39[Q](밤중에 들어온 도둑)이나 마가복음 13:35-36(밤중에 돌아온 주인)과의 접점이 있음을 보여준다. 다른 곳(롬 12:14, 17)에서 바울은 누가복음 6:27, 29/마태복음 5:39-44[Q] 같은 전승과 안디옥의 토라 해석을 위한 관심을 제안해주는 방식에 익숙하다는 사실

할 수도 있고 또 전제할 수도 있지만, 그렇다고 해서 이것이 결코 그의 윤리적인 교훈을 전하는 과정에서 그것을 끊임없이 그리고 구체적으로 인용하는 것을 멈추게 하지는 않는다." Furnish, *Theology and Ethics in Paul*, 55.

을 보여준다. 결혼 생활의 순결에 대한 관심들과 마지막 만찬의 예루살렘 전승들, 토라 해석, 묵시적인 시간표들을 볼 때, 우리는 과거에 바리새파에 속했던(갈 1:14; 빌 3:5) 바울이 예수에 대한 중요한 지식을 예루살렘 교회로부터 받았음(고전 11:23; 15:3)을 예상할 수 있다.[38]

마가복음은 여전히 Q에 있는 대부분의 내용과 친숙해 보이지 않지만, 그렇더라도 그것들과 상당히 많은 접점을 가지고 있다. 이것은 마가가 Q에 대해 알고 있음을 말해준다(예. 눅 3:2-4; 3:16-17; 4:1-2; 10:4-11; 11:14-23; 13:18-19). 또한 마가는 Q2처럼 예수 그리스도를 예언자로 보고(예. 막 1:1, 8, 10; 눅 6:23[Q]; 7:31-35[Q]), 바리새인들과 갈등하며(막 2:16; 눅 11:39-52에 나오는 Q의 요소들), 정결 문제에 대해 큰 관심을 보이고(막 7:1-2, 14-15; 눅 11:39-41[Q]), 묵시종말론에 심취하는(예. 막 14:62; 눅 12:8[Q]의 "인자") 특징을 분명하게 보여준다. 바울은 이 자료들의 대부분을 알지 못했고("인자" 자료가 나오지 않는 것은 바울 서신의 두드러진 특징이다), 이 점에서 Q2를 바울 이후에 산출된 것으로 보는 게 적절하다. 그러나 마가복음이 후기 Q 전승을 접했거나 적어도 그것이 보여주는 관심사들을 마가복음도 가지고 있다는 것은 분명하다.

따라서 Q1은 주의 기도를 포함하지 않거나, 바울과 마가가 알지 못하는 주의 기도를 포함하고 있었다. 이 두 가지 모두 예루살렘-유대 전승과 상당히 많이 관련되어 있다. 바울은 갈릴리 예수 자

---

38   이런 문제들에 대해 Betz가 평가한 내용과 그곳에 첨가된 참고문헌들과 비교하라 (Betz, *Sermon on the Mount*, 6, 그리고 각주 12).

료에 대해 거의 알지 못했다. 비록 마가가 갈릴리의 기적 이야기들과 그것들을 잘 알고 있는 Q2에 나오는 사상들을 접했을지라도 말이다.[39] 오랫동안 두 자료설이 견지해온 것처럼 광범위한 예수 자료들이 유대적인 것에 초점이 맞추어진 자료들로부터 분리된 두 개의 자료(마가, Q)를 통해 마태복음과 누가복음, 요한복음(?)에 독립적으로 영향을 주었다. Q는 갈릴리 자료였지만 유대적인 관심사들을 가지고 있었다. "비밀 가르침" 가설이 받아들여지지 않는다면, 주의 기도는 1세기 후반까지 대부분 알려지지 않았거나 단지 예루살렘-유대 자료들에게만 불완전하게 알려졌을 것으로 보인다.

1단계: 예수의 배경

주의 기도는 예수와 초기 예수 운동의 상황 안에서 훨씬 단순한 형태로 존재했고, 주목할 만한 발전들에 의해 오늘날 우리가 알게 된 형태들로 변형되었다.[40] 형태에 있어서 차이가 나는 것은 서로 다른 필사자 전승과 관심사들 때문이다.

예수의 기도 형태에 대해서 몇 가지 더 많은 결정을 내릴 필요가 있다. Q2 단계를 설명할 때 제시된 그림 3.2의 첫 번째 목록은 두

---

39   Theissen, *Gospels in Context*, 99.
40   이 책의 접근방식과 주의 기도의 예루살렘 형태와 갈릴리 형태를 구분하는 Lohmeyer의 관점 사이에는 유사점이 있다. 우리는 주의 기도와 사회적인 상황이 서로 관련된다고 하는 보다 발전된 논의를 가지고 연구한다.

번째 목록과 달리 내용이 하나로 통일된다. 이것은 첫 번째 목록이 매우 관습적이었고 또 그리스어로만 존재했음을 제안하지만, 두 번째 목록은 아람어에서 그리스어로 바뀌는 초기의 변형을 제안함으로써 해석상의 어려움을 제공한다. 그리스어의 통일성 외에 다른 다양한 사항을 고려해볼 때, 첫 번째 목록은 원래 예수의 기도에 속하지 않았음을 알 수 있다. 그중 가장 중요한 것은 언어학적 문제와 신학 내부의 문제 그리고 외부의 사회적 상황들이다. 언어학적 측면에서 볼 때, 첫 번째 목록은 보다 정중한 명령("let," "may")을 채택했지만, 두 번째 목록은 거칠고 직접적이다. 신학적 측면에서 볼 때, 예수가 갖고 있는 **아바**-의식과 첫 번째와 두 번째 청원 또는 세 번째 청원 사이에 엄청난 긴장이 있다. 첫 번째 목록의 추상적 개념들(하나님의 이름, 나라, 뜻)은 예수의 기도에 나오는 구체적이고 일상적인 관심사들과 반대된다. 사회적 측면에서 볼 때, 첫 번째 목록은 후기 회당 기도 전승들과 관련된다는 것이 분명하고, 그래서 이해 가능한 첨가라 할 수 있다.

타우식(Taussig)은 "아바"가 첫 번째 청원에 반하는 불안한 입장을 취한다고 지적한다. 그는 이 긴장감이 예수나 Q에 보다 가까운 사람으로부터 유래했기 때문이라고 주장한다. "친숙한 '아바'와 '당신의 이름이 거룩하게 되며'라는 다음 구절을 나란히 두는 역설적인 배치는 확실히 재치 있는 경구 사용자(aphorizer)가 좋아할 만한 것이라고 할 수 있다.[41] 그러나 비슷한 긴장감이 두 번째 청원과 고지 사

---

41   Taussig, "The Lord's Prayer," 33.

이에도 분명하게 나타난다. 하나님이 즉각적으로 인식하는 것과 그 순간 하나님이 직접 관여하는 것에 대한 관심은 거룩(첫 번째 청원) 및 종말(두 번째 청원)과 조화되기 어렵다.

한 세대 전에 예레미아스는 주의 기도와 카디쉬(Qaddish) 사이의 관련성을 지적했다. 오늘날 그는 이 자료를 다소 시대착오적으로 적용하는 것 때문에 비판받을 수 있다. 기도의 고대성에 대한 논쟁이 이루어지고 있다는 점에서 말이다.[42] 마태복음의 첫 번째 목록에 나오는 세 개의 청원 모두가 카디쉬에 포함되어 있음에도 불구하고 예레미아스는 카디쉬의 형태가 누가복음에 나오는 보다 짧은 주의 기도 형태를 입증한다고 주장했다.

> **주의 뜻에 따라** 주께서 창조하신 세상에서 **주의 위대한 이름이 높임과 거룩히 여김을 받으소서.**
> 주께서 주의 **나라를 통치하소서**(기타).

> [하늘에 계신 우리 아버지, 당신의 이름이 **거룩히 여김**을 받으시고, 당신의 **나라가 오게** 하시며, 당신의 **뜻이 이루어지게** 하소서(기타)].

---

42 Baumgardt는 Elbogen(*Der jüdische Gottesdienst*)을 인용하여 카디쉬가 비잔틴 시대보다 이른 시기로 입증되지 않는다고 언급한다(Baumgardt, "Kaddish and Lord's Prayer," 165). De Moor는 "모든 권위자가 그 기도의 고대성을 인정한다"고 주장하면서 *b. Ber.* 3a(R. Jose b. Halaphta, ca. 150 CE)와 *Sipre* 306(132b)를 언급한다(De Moor, "Reconstruction," 405. 각주 26). Lachs는 카디쉬가 설득력있는 병행구를 제공하기에는 주의 기도와 너무 많이 차이 난다는 사실과 탄나임 시대의 "짧은 기도"(*tpillâ qsrâ*)가 보다 적절한 장르를 제공한다는 사실에 주목한다(Lachs, "The Lord's Prayer," 118).

카디쉬는 분명히 주의 기도를 실은 공관복음의 후기 형태와 관련된다. 또한 주의 기도와 아미다(혹은 쉐모네 에스레[*Shemoneh Esreh*] "18가지 축복기도")가 서로 관련되었다는 것도 분명한 사실이다.[43] 자하비가 이 자료들의 사회적 기원에 대해 논의하며 지적한 것처럼 관건은 예루살렘-유대의 관심사들이다. 왜냐하면 주의 기도가 유대 필사자들의 관심사와 보다 잘 어울리도록 하기 위해 Q2 단계에서 확장되었음을 암시하기 때문이다.

타우식과 예수 세미나(Jesus Seminar)는 예수와 소크라테스를 너무 많이 관련지어서 읽는다. 하지만 예수의 관심은 이스라엘 전승의 궤도 안에 확고하게 위치하고 있으며, 소크라테스보다는 모세와 훨씬 더 많이 관련되어 있다. 또한 역사적으로 볼 때, 예수를 1세기 "유대인"의 특별한 유형으로 정의하는 것이 훨씬 논리적이다. 이것은 누가의 축복들(Q1에 있는 첫 번째 지혜 구성 단위)과 첫 번째 아람어판 유월절 하가다(Haggadah)가 서로 분명하게 연결되어 있다는 점에서 입증된다.[44]

---

43   Lachs, "The Lord's Prayer," 118, 123 각주 1; Davies and Allison, "Excursus," 595-97.
44   유월절 하가다는 유월절 식사(Seder) 때에 말해지는 출애굽 이야기다. 이 관련성에 관한 보다 완전한 진술은 Oakman, "The Archaeology of First-Century Galilee," 220-51을 보라.

유월절 하가다	축복
가난의 빵	너희 가난한 자들은 얼마나 명예로운지[45]
굶주린 사람 모두에게 하라	굶주린 자들은 얼마나 명예로운지
올해 우리는 여기에 있다	애통하는 자들은 얼마나 명예로운지

마찬가지로 누가복음 10:4[Q1]에 나오는 두 번째 강화(discourse)는 출애굽기 12:11에 대한 함축(비록 부정적인 함축일지라도)을 포함하고 있다. 기원전 2세기의 비극 작가인 에제키엘(Ezekiel)은 이미 그리스 시대에 이 본문에 관심을 보였다.

당신의 허리를 둘러매고, 당신의 발에 신발을 신으며, 당신의 손에는 지팡이를 잡으라. 왕이 모든 사람에게 그 땅에서 떠나라고 재촉할 테니 말이다. 그것은 "유월절"로 불릴 것이다.[46]

마가복음 본문을 Q의 "강화"와 비교해보면, 각 전승이 하나님 나라 선교에 대한 관심이 덜한 곳에 이런 가르침들을 배치했음이 분명하게 드러난다. 따라서 마가복음 전승이 본래의 유월절 혹은 유월절 순례를 그 자료의 배경으로 제공하는 예수에 더 가까워 보인다. 돈과 가방, 음식, 옷에 대한 명령들은 순례자가 환대에 의존해야 함을 제안하는데, 이것은 하나님께서 순례자를 위해 이 모든 것을 제공

---

45   첫 번째 용어를 "복된"이 아닌 "명예로운"으로 번역한 것에 관해서는 K. C. Hanson, "'How Honorable!' 'How Shameful'을 보라.

46   *Ezek. Trag.* 181-184. 막 6:8-9을 참조하라. 이것은 에제키엘의 경고에 가깝다.

할 것이라는 믿음을 반영한다. 갈릴리 "유대교인들"은 유월절 순례에 특히 마음이 끌린 것으로 보인다. 예수는 자신이 행한 치유 사역의 의미를 진술하는 가운데 출애굽 이미지를 사용했다(눅 11:20[Q], 참조. 출 8:19). 또한 공관복음 전승 안에서 예수의 마지막 만찬은(비록 유월절 식사가 아닐지라도) 그 큰 축제와 관련이 있다.

"예수의 신학"에 대한 설명을 본격적으로 전개할 자리가 아님에도 불구하고 이제부터 주의 기도에 대해 행해지는 주석적인 접근을 쉽게 이해할 수 있도록 몇 가지 사실을 언급할 필요가 있다. 학자들은 하나님 나라에 대한 예수의 설교가 그의 역사적 메시지의 중심이라는 사실을 인정한다.[47] 초기 예언자 기독론들뿐만 아니라 유월절과 출애굽에 대한 예수의 관심사들은 그가 "하나님 나라"란 역사적인 사건들을 주관하는 "하나님의 주권" 같은 것이며 또 억압으로부터의 해방을 의미하는 "출애굽" 같은 것이라고 생각했음을 제안한다. 여기서 예수가 하나님 나라를 출애굽과 관련시킨 것은 1세기 환경이 억압적이었음을 보여준다.

그러나 예수는 성서 전문가가 아니라 촌락에서 활동하는 일종의 지혜 설교자였다. 그래서 그의 설교는 사물의 자연 질서를 참조하여 자신의 신학에 살을 붙인 것으로 보인다.[48] (모세와 자연신학적 지혜에 관한) 두 측면은 모두 농민 예수가 어떻게 신명기적 Q와 묵시적인 마가복음뿐만 아니라 지혜적 Q에도 영감을 줄 수 있었는지를 이

---

47   Jeremias(*New Testament Theology*, 96)와 Perrin(*Rediscovering*, 47)은 하나님 나라와 주의 기도 사이에 밀접한 관계가 있다고 주장한다.

48   Oakman, *Jesus and the Economic Questions*, 240-42.

해할 수 있게 해준다.

이런 그림은 갈릴리 호수 주변에 살고 있는 하층 계급의 신학적인 관심사들에 대해 말하는 요세푸스의 언급들이 확인해준다. 유대-로마 전쟁 초기 단계에 티베리아스의 하층민들이 동물의 형상이 새겨지고 그래서 "어떤 형상도 새기지 않아야 한다"는 유대인의 감정을 상하게 한 헤롯 안티파스의 왕궁을 공격했는데, 이때 사피아스(Sapphias)의 아들 예수가 이 공격을 이끌었다.[49] 또한 반 세기 전에 가말라의 유다(Judas of Gamala)는 로마에 세금을 납부하는 것이 이방 신들에게 복종하는 표시라고 주장했다.[50] 만약 가말라의 유다가 로마 팔레스타인이 새로운 이집트일 수 있다고 확신한 일부 갈릴리 농민들의 분노를 나타냈던 것이라면, 그 부근에서 활동했던 나사렛 예수 역시 유사한 종교적 관심사와 지향점들을 공유했음이 틀림없다. 예수의 관심사들은 Q1뿐만 아니라 Q2, 바울 서신, 마가복음, 심지어 요한복음에 이르기까지 복합적인 전승들에 뿌리를 내리고 있다. 이런 전승들에 대한 자세한 설명이 예수의 신학적·사회적 관점을 다루는 논의를 통해 주어져야 한다. 그럼에도 주의 기도는 확실히 출애굽의 하나님을 잘 알고 있는 것으로 이해할 수 있다.[51] 따라서 주의 기도의 의미는 예수의 구체적인 요청들을 분명한 방향성을 가지고 확장하는 틀 안에서 탐구해야 한다.

---

49   Josephus, *Life*. 65-67; 출 20:4을 보라.
50   Josephus, *War*. 2.118; Ant. 18. 4.
51   Cyster는 이런 생각과 관련된 보다 대중적인 논의를 제시한다(Cyster, "The Lord's Prayer and the Exodus Tradition", 377-81.)

주의 기도의 사회적 의미

주의 기도의 발전에 대한 세 개의 주요 단계가 제안되었다. 다음은 그것을 시간순으로 나열한 것이다.

> **1단계**: 예수가 사용한 용법으로 이루어진 주의 기도 형태로, 고지 + 청원 4-6으로 구성되었다.
>
> **2단계**: 기도가 구두로 전승된 아람어에서 그리스어로 기록되어 변형된 과정을 추적하기 어려운 주의 기도 형태다.
>
> **3단계**: Q의 가장 늦은 층에 포함된 주의 기도 형태로, (누가복음에서 볼 수 있는 것처럼) 고지 + 청원 1-2 + 청원 4-6으로 구성되었다

1세기 후반 시리아 전승을 시사하는 마태복음과 디다케는 이후에 확대된 고지와 청원 3, 청원 7 그리고 찬가를 추가했다. 이런 가정들은 주의 기도의 사회적 의미, 즉 먼저는 예수와 다음으로는 후기 예수 전승들에 나타난 주의 기도의 사회적 의미를 추구하는 일에 영향을 끼친다.

고지

누가복음의 주의 기도에 나오는 고지는 예수의 실제 언설에 가장 가깝다. 공식적인 회당 기도의 관습들에 보다 가까운 마태복음의 주의 기도와는 대조적으로 강조적이고 단순한 고지가 눈에 띈다.[52] 예레미아스는 하나님을 "아빠"를 의미하는 **아바**로 고지하는 것이 친숙함뿐만 아니라 유대교의 독특성이라고 주장했지만, 오늘날 그 주장은 모두 반박되었다.[53]

친밀함 혹은 단순함 그 어떤 것과 관련되든 주의 기도는 하나님을 가족의 아버지, 즉 "가정의 가장"과 왕으로서 통치할 분으로 고지한다. 청원자는 왕가에 속한 왕족과 상속자로 행동한다.[54] 보호자 역할을 하는 왕의 관대함과 자애로움이 발동된다. 예수 전승에 있는 몇 가지 다른 사실들이 하나님의 은혜로움과 자애로움에 대한 이런 가정들을 가능케 한다. 예를 들어 방탕한 아들과 아버지의 비유(눅 15:11-32/L)가 그것이다. 또한 마태복음 5:45(M)과 누가복음 11:11-13(Q), 12:30(Q), 마가복음 10:30도 이에 해당한다.[55] 예수의 상황에서 구체적인 필요를 가진 사람들을 위한 하나님의 보호에 대한 관심이 두 번째 목록에 있는 청원들로 즉시 이동함으로써 강조되었다.

---

52 Jeremias, *Prayers*, 96-97.
53 Davies와 Allison, "Excursus," 601-2; Barr, "Abba Isn't Daddy."
54 이것은 빵을 달라는 청원에 관해 논하는 과정에서 보다 자세하게 다루어질 것이다.
55 Kloppenborg, "Literary Convention," 89. Malina, *The Social World of Jesus and the Gospels*, 143-75을 보라.

두 번째 목록에 있는 청원 4

예수와 초기 예수 운동이 굶주림에 대해 갖고 있는 일반적인 관심이 급식 설화(예컨대 막 6:34-44)에서 직접적으로 나타나고, 다른 많은 복음서 구절들에서도 간접적으로 드러난다. 예를 들어 예수가 "치료한" 수많은 사람은 영양실조로 인해 고통받고 있었을 것이다. 이들은 전형적으로 피부 질환이나 눈병을 앓고 있는 사람들이었다(막 1:40-45; 10:46; 참조. 막 5:43과 마 6:22-23[Q]). 이것은 아마도 단순히 비타민 결핍 때문이었을 것이다. 따라서 사회적인 차원뿐만 아니라 육체적인 차원에서도 예수 운동이 행한 식탁 교제의 치유적인 의미를 강조해야 한다(막 2:15). 아마도 이 식탁 교제는 주의 기도의 첫 번째 청원의 주요한 삶의 자리였을 것이다. 내가 다른 곳에서 유월절 관심사들과 결부되어 있다고 주장한 그 식탁 교제 말이다.[56]

빵을 달라는 청원을 해석하는 것은 **에피우시오스**(epiousios, 일반적으로 "날마다"로 번역됨)의 의미를 둘러싼 질문들로 인해 오랫동안 골치 아픈 일이었다. 이런 질문들은 오리게네스(Origen, 185-254) 시대에 이미 존재했는데, 그는 이 단어가 복음서 저자가 만들어낸 신조어였다고 생각했다. 오늘날의 문헌학(philology)에 근거해서 살펴볼 때, 오리게네스의 판단은 옳은 것으로 보인다.[57]

---

56 Oakman, "Archaeology of First-Century Galilee," 243-44.

57 BAGD, 297; BDF 66 §123. 그러나 파피루스의 경우들을 통해 성서 그리스에 대한 "신조어적" 접근들은 의심스럽다고 한 Deissmann의 조심스러운 언급을 보라 (Deissmann, *Light From the Ancient East*, 78). Deissmann은 또 다른 책에서 약간 다

수 세기에 걸쳐 **에피우시오스**라는 단어의 의미를 위한 네 가지 주요한 해결책이 제시되어왔다. 그 네 가지 해결책은 1) 오리게네스와 크리소스토모스 그리고 몇몇 다른 사람이 **에피우시오스**의 어원을 "존재를 위한 필요"를 의미하는 **에피**(*epi*)+**우시아**(*ousia*)라고 주장한 것, 2) 데브룬너(Debrunner)가 "오늘을 위한"이라는 의미를 가진 **에피 텐 우산**(*epi tēn ousan*, [다시 말해 *hēmeran*])이라는 문구와 유비를 이룬다고 주장한 것, 3) 그로티우스(Grotius)와 베트슈타인(Wettstein), 라이트푸트(Lightfoot)가 형용사와 "다음 날"이라는 의미를 가진 헤 **에피**우사(*hē epiousa*[다시 말해 *hēmera*])라는 그리스어 구를 연결시키는 것, 4) 마지막으로 알렉산드리아의 키릴로스(Cyril of Alexander)와 라오디게아의 페테르(Peter of Laodicea) 그리고 몇몇 다른 사람들이 **에피우시오스**를 "미래에 온다"라는 의미를 가진 동사 **에피에나이**(*epienai*)와 연결시킨 것이다.[58] 이런 해결책에는 변형된 하위 내용들이 있고, 1) 번을 제외한 나머지는 어떤 종류의 시간적인 의미를 가정한다.

여기서 제안된 두 개의 다소 다른 해결책들은 오리게네스의 제안과 기본적인 해석에 토대를 두고 있다. 그러나 그 의미는 **우시아**의 철학적 용례(예를 들어 "존재", "실존", "실체")가 아닌 수많은 이집트

른 의견을 제시했다(Deissmann, *Bible Studies*, 214). Hemer는 **에피우시오스**의 그리스어 계통을 찾으려고 노력한다(Hemer, "Epiousios."). 그는 Lightfoot를 따라 3번째 해결책, 즉 이 단어가 "다음 날"을 의미한다고 강력하게 주장한다. 이전의 문헌학적 해결책들에 대한 보다 철저한 논의를 위해서는 Foerster, "Επιουσιος"를 보라.

58   BAGD, 297.

파피루스에서 입증된 용례들에서 찾을 수 있다. 파피루스에 나오는 우시아라는 단어는 종종 "많은 토지"나 "큰 토지"를 의미한다.[59] 이 것은 고대의 물질적인 실재들에 뿌리를 둔 구체적인 의미다. 만약 에피우시오스가 셈어 관용구를 반영하는 신조어라면, "토지"라는 개념을 포함하는 아람어에서 무언가를 찾는 것이 이치에 맞다. 파피 루스는 보다 대중적인 관용구를 전달해주는 것으로서 에피우시오 스의 의미에 대한 단서를 제공해줄 가능성이 그리스 철학보다 훨씬 크다.

이런 문헌학적 절차는 신약성서 고유의 용어인 페리우시오스 (*periousios*)를 고찰함으로써 보증된다. 그것이 언어학적으로 에피우 시오스와 가까운 단어라는 점에서 말이다.[60] 페리우시오스가 디도

---

59   Moulton & Milligan, *Vocabulary*, 242(επιουσιος), 467(ουσια). Moulton은 다음 과 같이 주장한 바 있다. "신약성서와 파피루스를 통해 인용할 수 있는 이 명사 (*ousia*)의 유일한 의미는 희망적이지 않은 재산이나 토지다"(Moulton & Howard, *Grammar*, 2:313). Moulton은 파피루스를 통해 에피우시오스의 의미를 보다 자세 히 설명할 수 있는 방법을 찾을 수 없었다. 그러나 그는 에피와 우시아 사이에 음 운 탈락이 일어나지 않는다는 점이 첫 번째 해결책을 가로막는 장벽이 될 수 없다 고 생각했다. "이미 알려진 바, 보다 느린 발음으로 인해 모음들의 결합에 대한 그 리스적 무관심이 잘 나타난다.…코이네(*Koine*) 그리스어의 이런 특징은 지난 세대 의 고전학자들이 에피우시오스의 어원을 배제하면서 글 안에 있는 틈(hiatus)들을 허용함으로써 '정확성'의 법칙들을 위반하는 과오를 범했다는 것을 아주 분명하게 보여준다."(앞의 책, 91). 최근에 Fitzmyer는 이 단어들에 대한 첫 번째 해결책의 사 용을 지지했다. "오랜 고민 끝에 나는 오리게네스의 설명으로 돌아왔다"(Fitzmyer, *Luke*, vol. 2, 900).
60   신명기 14:2(70인역)을 인용한 딛 2:14. 오리게네스는 이미 이런 병행에 주목하면 서, 일반적인 말에서 두 단어 모두가 강조하는 중요한 의미들을 발견하긴 했지만, 그렇더라도 디도서에 나오는 페리우시오스의 용례의 관점에서 에피우시오스의 "영적인" 의미를 주장했다.

서 2:14에서 분명하게 "선택하다"를 의미한 반면에 70인역에서는 "소유물, 재산"을 의미하는 히브리어 단어이자 매우 후기의 히브리어에서 "보물"을 의미하는 세굴라(*sglâ*)와 문자적으로 매우 긴밀하게 연결되어 있다.[61] 이와 관련해서 집회서 2:8(70인역)은 "솔로몬"이 "금과 은 그리고 왕들과 나라들의 보물들(*periousiasmous*)"을 모았던 것에 대해 말한다. 그리스어 파피루스에는 **페리우시오스**가 "풍성함이나 넘침"을 의미한다. 예수의 기도가 아람어에서 그리스어로 번역된 때와 거의 같은 시기에 산출된 것으로 여겨지는 가장 훌륭한 실례가 있는데, 이것은 그 유명한 클라우디우스 칙령에 의해 이집트 알렉산드리아에 있는 유대 공동체에 주어진 것이다(기원후 41년).

> 나는 유대인들에게 분명하게 그들이 이전에 소유했던 것보다 더 많은 특권을 누리기 위해 선동하지 말라고 명령한다.…그들 자신의 특권을 누리며 그들 자신의 것이 아닌 도시에서 엄청나게 풍성한[**페리우시아스**] 특권들을 공유하는 반면에….[62]

70인역과 파피루스의 세속적 용례들 안에 있는 **페리우시오스**는 물질적인 풍부함을 반영하는 맥락에서 나타난다. 또한 **에피우시오스**의 비슷한 의미들이 제안될 수 있다.[63]

61　BDB, 688; Jastrow, *Dictionary*, 953.
62　Hunt & Edgar, *Select Papyri*, 2:87; Moulton & Milligan, *Vocabulary*, 507.
63　**에피**는 종종 (비유적 의미 안에서) "더하여, 위에"를 의미한다(BAGD, 287). **페리우시오스**에 들어 있는 **페리**(*peri*)는 과도한(hyper)과 동의어다(Moulton and

따라서 여기서 제시된 첫 번째 제안은 **에피우시오스**가 파피루스에서 사용된 **페리우시오스**와 동의어이고, 그래서 이것에서 "우리에게 일용할 빵을 풍성하게 주십시오"라는 의미를 끌어낼 수 있다는 점이다. 그것이 함축하는 의미는 그들이 지금 충분한 빵을 이용할 수 없는 상태에 있다는 것이고, 신적인 보호자는 그런 상태를 즉시 바로잡기 위해 다가갈 수 있는 존재라는 것이다. 고대 이스라엘의 묵시들 가운데 몇몇은 마지막 때가 매우 풍요로운 시간이 될 것이라고 기대했다는 점에서 나중에 (Q에서) 이 청원이 어떻게 종말론 주제들과 연결되었는지 살펴보는 것은 그리 어려운 일이 아니다.[64]

이와 관련된 탐구(두 번째 제안)를 통해 **에피우시오스**라는 단어 배후에 있는 일부 셈어 관용어를 추적할 수 있다. 피츠마이어는 오리게네스의의 견해를 토대로 잠언 30:8에 나오는 "내가 필요로 하는 음식"(*lhm hqi*)이라는 구절을 인용한다. 이것은 아람어 타르굼에서 *lhm'a <d> msthi*로 표현된다. 피츠마이어는 빵을 달라는 청원의 아람어 형태를 재구성하기 위해 다음과 같은 번역을 제공한다. "오늘 우리에게 우리의 생존을 위한 빵을 주십시오."[65] (오리게네스가 빵에 대해 갖고 있는 "초물질적"인 추상적 개념과는 반대로) 이런 구체적인 의미는 의심할 여지 없이 농민들에게 매력적이었다. 여기서 "농민"은 농사를 짓는 사람들뿐만 아니라 건축 현장에서 허드렛일을 하거나

Howard, Grammar, 321). **에누시오스**(*enousiōs*)라는 부사 역시 "매우 부유한"이라는 유비적 의미를 제공한다(LSJ, 572, 1439).

64   예를 들어 *1 Enoch* 10; *2 Bar.* 29:5.
65   Fitzmyer, *Luke*, vol.2, 900-901.

호숫가에서 고기를 잡으며 근근이 생계를 유지하는 굶주린 사람들을 포함한다.[66]

이런 탐구와 관련해서 또 하나 살펴볼 사실이 있다. 그것은 에피(*epi*)라는 그리스어 전치사와 디(*di*)라는 아람어 불변사가 서로 관련된다는 것이다. 그리스어 전치사와 아람어 불변사는 모두 그것들 각각의 언어들 안에서 소유격 역할을 할 수 있다.[67] 이런 점에서 여기에는 단순히 **에피**가 제시하는 소유 의미 이상은 나타나지 않는다고 할 수 있다. "토지나 재산에 속하는 것" 말이다. 예를 들어 다니엘 2:15에 나오는 아람어는 "왕의 근위대장"(*shlit'a di-mlk'a*)으로 읽을 수 있다. 이것은 70인역에서 소유격으로 번역된다. 그러나 **에피우시오스**의 경우는 언어들 사이의 바로 그 문자적 관련성이 명백하게 유지되어왔다. 또한 그것은 **이오타**로 끝나는 **우시아**라는 어근으로 소유 형용사를 만들 때 생기는 모호함을 피하기 위한 시도일 수 있다.

그런 딱딱한 그리스어 번역은 예수의 **아바** 이해를 위한 필수적인 의미를 제공해줄 것이다. 보호자는 이미 그 토지("왕국")에 있

---

66 Oakman, "Was a Jesus a Peasant?," 117-18; K. C. Hanson, "The Economy of Galilean Fishing and the Jesus Tradition."

67 "A genuine Aram. idiom," BDB, 1088. 후기 히브리어에서 상응하는 불변사는 sh인데, 이것은 아람어의 영향을 보여준다("in usage limited to late Heb. and passages with N. Palest. colouring," BDB, 979. Jastrow, *Dictionary*, 1577를 참조하라. 에피(*epi*)와 알('al[위에])이라는 아람어가 짝을 이룬다. Turner는 신약성서 시대에 에피가 소유격 보다는 목적격을 표시하는 데 사용되었음을 보여준다(Turner, *A Grammar of New Testament Greek*, 271. (Turner에게서 취한) 다양한 문학작품 본문들의 비율은 다음과 같다. 파피루스-4.5(소유격):2.5(목적격), 신약성서-1.2(소유격):2(목적격), 70인역-1.4(소유격):3.8(목적격).

는 사람들에게 정기적으로 식량을 제공했다. 룻기 라바(*Ruth Rab.*) 2:14에는 이와 관련해서 많은 것을 시사해주는 후기 히브리어 병행구가 나온다. 이 병행구는 "왕국에 속한 빵" 또는 "왕실 유지비"(*lhm shl mlkût*)에 대해 언급한다.[68] 이집트 파피루스에 나오는 **우시아**는 황제의 토지를 의미할 수 있다. 이런 함축적인 의미를 가진 **에피우시오스**는 네 번째 청원을 위해 다음과 같은 의미를 제공한다. "오늘 우리에게 왕국의 빵을 주십시오" 혹은 "왕실에서 배급하는 오늘의 빵을 주십시오." 그러나 고지에 대한 이런 제안된 번역들보다 훨씬 더 일상적인 표현은 "오늘 우리에게 빵을 무료로 주십시오"일 것이다. 이것들은 왕의 자녀들이 자비로운 아버지에게 하는 말이다.

(두 번째: 첫 번째 목록에 있는 청원 1)

풍성함 혹은 "토지와 빵"은 예수와 그의 제자들에게 당면한 관심사였지만, Q 전승에서는 훨씬 신학적으로 추상화된다. 만약 주의 기도가 지혜적 Q에 속한다면, 앞서 다룬 구체적인 관심사들은 여전히 누가복음 11:9-13[Q](마 7:11 마지막에 보다 잘 보존되어 있다)에서도 분명하게 나타날 것이다. 신명기적 Q(눅 4:3-4, 7-8 [Q])에 있는 우상숭배에 대한 후대의 관심은 주의 기도의 의미를 이름의 거룩함에 대한 관심(눅 11:2 [Q])과 땅에서 이루어질 하나님의 뜻(마 6:10)에 대한 관

---

68   Jastrow, *Dictionary*, 704.

심으로 바꾸었다. Q와 마가는 예수의 관심사들을 이스라엘의 예언 전승들과 보다 분명하게 일치시켰고, 이것은 또한 1세기 후반 이스라엘인의 기도에 분명하게 나타나는 거룩함과 종말론에 관한 관심사들을 포함한다.

예수의 관심사와 유대-예루살렘 필사자들의 관심사 사이에 존재하는 간극(비록 연관성도 분명하지만)을 파악하는 일은 충분히 가능하다. 신약성서 데살로니가전서, 고린도전서, 로마서, 마태복음, 누가복음, 요한복음, 사도행전, 에베소서, 디모데전후서, 히브리서, 베드로전서, 요한계시록에 나오는 **하기아제인**(*hagiazein*, "거룩하게 하다")에 대해 세심하게 살펴볼 때, 우리는 이 단어가 신약성서 자료들(바울 서신, 후기 복음서와 사도행전, 제2 바울 서신, 히브리서, 요한계시록)과 성전 혹은 유대-예루살렘의 관심사들을 연결해준다는 사실을 분명하게 알 수 있다. 그와 같은 연관성이 초기 Q(Q1)에 나타나지 않는다는 점으로 볼 때, 갈릴리 농민들은 그런 관심들을 갖고 있지 않았을 것이라는 사실은 주목할 만한 가치가 있다.[69]

후기 Q(Q2)에 청원 1이 첨가되었다는 것은 주의 기도가 유대인들의 관심사들과 보다 밀접하게 연결되어 있음을 알려준다. 초기 유대교에서 이름을 거룩하게 하는 것이 의미하는 바는 무엇인가? 예레미아스는 이 청원(그리고 두 번째 청원)을 앞서 언급한 유대 카디쉬 기도와 연결했으며 두 개의 기도 모두가 다음과 같이 간청한다고 믿었다.

---

69   Meier는 "하나님의 이름을 거룩하게 한다"는 사상이 예수의 나머지 공관복음 말씀들에 전체적으로 나오지 않는다"라고 언급한다(Meier, *A Marginal Jew*, vol. 2, 295-98).

하나님의 종말론적 왕국의 계시…"내가 여러 민족 가운데서 더럽혀진 나의 크고 거룩한 이름을 신원할 것이다"라는 약속에 따라 그들은 더럽혀지고 남용된 하나님의 이름이 영광을 받으시고 그의 통치가 드러날 때를 구한다(겔 36:23).[70]

그러나 예레미아스의 이해는 충분하지 않다. 예레미아스와 20세기의 많은 주석가들에게 있어서 첫 번째 청원은 하나님께 단지 종말론적 의미에서 자신의 이름을 거룩하게 하도록 제시하는 기도일 뿐이다.

그러나 심지어 카디쉬조차도 보다 광범위한 의미를 제안한다. "세상에서 그의 위대한 이름이 높아지고 거룩히 여김을 받으소서…" 누가 그 이름을 "거룩하게" 할 사람이고, 어디서 이 일이 일어날 것인지가 중요한 문제다. 카디쉬는 하나님의 행위와 더불어 인간과 세상에서 행해지는 일들도 거룩하게 함의 문제에 있어서 중요하다는 사실을 함축한다.

랍비 전승에 나오는 구절, 즉 "이름을 거룩하게 하다"라는 관용구에 관한 연구가 이런 진술들을 지지한다.[71] 히브리어 동사 qdsh의 피엘 형태는 아람어의 파엘과 마찬가지로 이름을 거룩하게 하는 인간의 행위를 명시한다. 바빌로니아 탈무드 소타편은 요셉이 이름을 거룩하게 한 일을 언급한다. 시프라(*Sipra*) 18, 6(339a)은 이름을 거룩

---

70   Jeremias, *Prayer*, 99.
71   여기에 제시된 것에 더하여 Str-B. 1:411-18("Menschen als Subjekt des Heiligens")
      에 수집된 자료들을 보라.

하게 해야 할 이스라엘의 의무를 언급한다. 아미다(*Amidah*)의 세 번째 축복은 정확한 내용을 명시하지 않은 채 그와 같은 인간의 행위를 의무화한다. 후기 미드라쉬에는 이와 같은 예들이 풍부하게 나온다. 창세기 라바(*Genesis Rabbah*)에서 아브라함은 다음과 같이 말한다. "내가 나아가 [전투]에 임할 때 거룩한 분의 이름을 거룩하게 할 것이다. 복되도다, 주여!"[72] 레위인은 이름을 거룩하게 하기 위해 불신자들을 살육하는 일에 생명을 바쳐야 하는 사람들로 여겨졌다.[73] 포로로 잡혀간 자들의 고난은 이름을 거룩하게 하는 계기가 되었다.[74] 하나님의 이름 역시 인간들이 하는 일들을 통해 정의가 이루어질 때 거룩하게 될 수 있다.[75] 이런 수많은 예들은 죽음으로 보여주는 충성이나 죽음으로 이루어지는 처벌이 이름을 거룩하게 할 수 있다는 사실을 **극단적**으로 보여준다. 이런 사실은 바르 코크바 반란(132-135년) 당시 순교자들에 대해 언급하는 미드라쉬 구절들 안에서 가장 완전하게 나타난다.

랍비가 말한다. 그[하나님]는 대박해 시대를 통해 그들에게 요구했다. 그들은 체바오트(*sebaoth*)라 불렀는데, 그들이 세상에서 내 뜻

---

72 *Gen. Rab.* 43:2(1:352) [괄호 안에 있는 숫자는 Freedman & Simon, *Midrash Rabbah*의 권수와 쪽수다]. 맹렬하게 불타는 용광로 안에 있는 아브라함에 관한 언급은 *Gen. Rab.* 63:2(2:557); *Lev. Rab.* 11:7(4:144); *Num. Rab.* 2:12(5:43); *Eccl. Rab.* 2:14:1(8:64)를 보라. Jastrow, *Dictionary*, qdsh를 참조하라.

73 *Num. Rab.* 1:12(5:19-20), 4:6(5:100).

74 *Num. Rab.* 13:2(6:501); 참조. *Gen. Rab.* 98:14(2:964).

75 다윗은 사울의 가족을 말살해버린다. *Num. Rab.* 8:4(5:219). 느부갓네살 2세로 인해 예루살렘의 불신자들이 처벌받는다. *Lam. Rab.* 2:1:3(7:155).

(ṣibyoni)을 수행하고 내 뜻이 그들을 통해 집행될 것이기 때문이다. 그리고 그들이 내 이름을 거룩하게 하기 위해서 자신들의 피를 쏟았기 때문에 들사슴(HINDS OF THE FIELD)으로 불린다.…랍비 히야 바르 아바(R. Ḥiyya b. Abba)가 다음과 같이 말했다. 만약 누가 나에게 "하나님의 이름을 거룩하게 하기 위해서 당신의 생명을 바치라"고 말한다면, 그들이 나를 단번에 죽인다는 조건이라면 내가 능히 그렇게 할 준비가 되어 있지만, 대박해의 고문들을 견딜 수는 없었다.[76]

인간의 다른 덜 중요한 행위들도 하나님의 이름을 거룩하게 할 수 있다. 축복은 그런 행위 중 하나다. 바빌로니아 탈무드에 다음과 같은 내용이 나온다. "신의 이름을 언급하지 않은 축복은 축복이 아니다."[77] 유월절 식사는 하나님의 이름을 축복하는 것으로 시작한다. "복되도다. 주 우리 하나님, 포도 열매를 창조하신 하나님!"[78] 인간의 축복과 신이 거룩히 여김을 받는 것에 있는 이런 연관성은 안식일 예배 시작 때에 낭독하는 유대교 기도서(Prayer Book)에 포함된 카디쉬에 의해 더욱 확고해진다.

---

76   Cant. Rab. 2:7:1(9:113). 하나님의 뜻과 이름을 거룩하게 하는 것 사이의 병행이 다시 입증된다. 대박해의 날에 관해서는 Cant. Rab. 2:5:3(9:106 각주 2)를 보라. 또한 "대박해"가 바르 코크바("Ben Koziba") 이전 시대와 관련된 Cant. Rab. 2:7:1(9:115)과 비교해보라.

77   B. Ber. 40b. Smith, "Lord's Prayer," 155에서 인용.

78   유월절과 안식일이 겹칠 때 창세기 낭독 바로 뒤에 이 축복을 한다. Glatzer, ed. The Passover Haggadah, 17을 보라.

하나님께서 당신의 뜻에 따라 창조하신 세상 전체를 통해 하나님의 크신 이름이 영화롭고 **거룩하게 되소서**. 주께서 주의 생애와 주의 모든 날 동안 이스라엘의 모든 집의 생명 안에 주의 왕국을 이루어 주소서. 그리고 말합니다. 아멘.

주의 크신 이름이 영원토록 **복이 되도다**. 거룩한 주의 이름이 복이 되고 찬양을 받으시며, 영화롭게 되시고 높임을 받으시며, 지극히 큰 찬양을 받으시고 영예롭게 되시며, 경배를 받으시고 찬미를 받으소서. 세상에서 말해지는 모든 축복과 찬송과 찬양과 위안을 넘어서는 복이 주님에게 있기를! 아멘.[79]

다른 많은 그런 축복들―그리고 축복과 하나님의 이름 사이의 확고한 연관성―이 유대인의 종교적인 문학 작품들에 나온다. 나아가 미쉬나는 그런 축복들을 하게 한 사건과 상황들에 대해 보다 자세히 묘사한다.[80] 수많은 이런 축복들은 음식과 물질적 필요의 발생과 연결된다.

따라서 첫 번째 목록에 있는 첫 번째 청원은 이차적이다. 어느 정도는 빵을 구하는 청원으로부터 논리적인 발전이 이루어질지라

---

79 Birnbaum, ed. *Daily Prayer Book*, 50(강조는 덧붙인 것이다). 유대교 기도서(Prayer Book)나 매일 기도서(Siddur)는 일 년 내내 다양한 행사를 위한 일련의 기도문을 제공한다. 또한 비록 현대의 것이기는 하지만, 그것들은 카디쉬와 같은 매우 오래되고 전통적인 자료를 포함한다.

80 *M. Ber.* 6-9.

도 말이다. 만약 네 번째 청원이 하나님의 이름을 축복하게 한 구체적인 상황에 대한 기도였다면, 음식을 공급받기 위해 하나님께 축복기도를 하는 것은 "이름을 거룩하게 하는 것"의 구체적인 의미 중 하나가 될 수 있다. 그리고 실제로 이것은 (유대-예루살렘 필사자들의 관심에 영향을 받은) 공관복음 안에 있는 전승을 이해하게 해준다. 빵을 떼면서 한 예수의 말씀들(마 14:19, 26:26, 그리고 병행구)과 주의 만찬 때에 하는 기도와 디다케의 연관성에서 분명히 알 수 있듯이 말이다. Q2는 주의 기도의 이런 발전된 의미들 안에서 중요한 역할을 했는데, 이는 그것이 쉐마에 대한 관심(막 12:29-30처럼)은 직접적으로 언급하지 않는 반면, 하나님께 대한 이스라엘의 온전함과 신실함에 대한 관심(눅 3:8, 4:4 [Q])을 보여주기 때문이다.

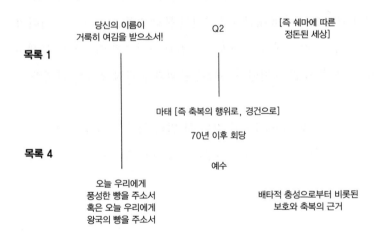

두 번째 목록에 있는 청원 5

예수 기도의 다섯 번째 청원은 이런 결핍과 굶주림의 상황을 가져온 것이 무엇이었는지에 대해 결정적인 단서를 제공해준다(우리가 물리적인 결핍 때문에 하나님의 이름을 저주하는 것이라고 생각하는 그런 언급이 아니다). 부채가 만연한 농경 사회 상황은 다름 아닌 빈곤과 굶주림이 증대되는 것으로 특징지어지는 사회적 상황이었다. 빚과 빵의 결핍은 예수와 그의 동시대 농민들에게 매우 익숙한 광경이었다. 농사 빚은 예수 시대 농민들을 땅으로부터 완전히 분리해버리거나(토지 임금 노동자가 되는 것) 로마 지배자와 땅(예를 들어 에스드라엘론[Esdraelon] 평원에 있는 카이사르의 방대한 토지 또는 세포리스와 티베리아스에 있는 유대-헤롯 가문 귀족들이 통제하는 땅)에 의존해서 살아가는 피후견인으로 만들었다. 소작농이나 임금노동자의 위험한 삶은 걸인과 산적 행위가 증가한 것을 통해 입증된다.[81] 아마도 산적들은 열심당과 같은 종교 운동에 더 큰 영향을 받았을 것이지만, 예수의 행위, 즉 걸인과 사회적으로 불이익을 당하는 사람들에 대해 관심을 보이는 게 분명한 예수의 행위는 계층 간 긴장을 해소하고 계층의 관심사들을 조정하기 위한 대안적인 방법을 모색하는 것이었다.[82] 예수 전승은 1세기 전반부에 만연한 빚에 대해 잘 알고 있었고 또 그것에 관

---

81   Horsley & John S. Hanson, *Bandits, Prophets, and Messiahs*, 52-85; K. C. Hanson, "Jesus and the Social Bandits"을 보라.

82   Oakman, *Jesus and the Economic Questions*, 210. 215.

심을 기울이고 있었음을 보여준다.[83] 채무자가 감옥에 갇히는 것을 암시하는 Q자료(눅 12:58-59/마 5:25-26), 용서하지 않는 종의 이야기 (마 18:23-35[M]), 두 명의 빚진 사람의 비유(눅 7:41-42[L]), 과부의 두 렙돈에 관한 이야기(막 12:41-44)가 이런 사실을 제안한다. 므나(달란 트) 비유(눅 19:12-27/마 25:14-30[Q?])와 불의한 청지기 비유(눅 16:1- 8[L])는 채권자의 가혹함과 관련된다.

초기 로마 팔레스타인의 빚 문제에 관해 알려주는 신약성서 외 부의 역사적 자료들이 일명 힐렐의 **프로즈불**과 요세푸스의 중요한 구절에서 제공된다. 기원후 66년 반란군의 첫 번째 행위 중 하나는 빚 계약서가 보관된 기록물 보관소를 불태운 것이었다.

> 다음으로 [반란군들]은 가연성 물질을 공공 기록물 보관소로 가져갔 는데, 이는 고마워하는 채무자 무리를 설득하고 가난한 사람들로 하 여금 부자들에 맞서게 하기 위해 금융 대출 증서를 파기하여 빚을 회 수하지 못하도록 하기 위해서였다.[84]

요세푸스는 같은 문맥에서 은유적으로 말하면서 그런 기록물들을 그 도시의 "힘줄"이라고 언급한다. **프로즈불**의 의의를 정확하게 평 가하기란 쉽지 않다. 미쉬나는 힐렐이 보다 쉽게 융자를 받을 수 있 게 하기 위해서 이 정책을 허용했다고 한다. 일곱 번째 되는 해에 빚

---

83   또한 Oakman, "Jesus and Agrarian Palestine: The Factor of Debt"; *Jesus and the Economic Questions*, 72-77; Goodman, "The First Jewish Revolt"를 보라.

84   Josephus, *War* 2.427 (Thackeray, LCL).

을 면제해주어야 한다는 것 때문에 대출이 이루어지지 않았는데, 힐렐은 이런 상황에서 현금 유동성 위기를 완화하는 방안으로서 이 정책을 허용한 것이다. 미쉬나 쉐비이트 10:2와 바빌로니아 탈무드 기틴 37b에 따르면, "법정으로 인도된" 대출 계약은 신명기 15장에 나오는 면제년 규정으로 취소될 수 없다. 이것의 "논리적" 근거는 신명기 15:3에 나오는 율법 조항, 즉 "네 손에서 면제하라"는 조항으로 채무 증서가 채권자의 손이 아닌 법정에 있다면 그 조항이 적용되지 않는다는 것이다. 이런 발전된 법적 장치가 후기 랍비 전승에서 "법정 앞에"라고 번역되는 **프로즈불**로 나타난 것이 분명하다[85]

수년 전 루트비히 블라우(Ludwig Blau)의 연구는 **프로즈불**의 의미에 대한 다른 통찰력을 제공했다. 사실 미쉬나에 나오는 히브리어는 때때로 **프로스볼**(*prôsbôl*)로 나오기도 하는 **프로즈불**(*prôzbôl*)이다.[86] 블라우는 이 단어의 어원을 **프로스볼레**(*prosbolê*)라는 그리스어에서 찾았는데, 이집트 파피루스에 따르면 이 단어는 담보로 잡힌 재산을 싼 가격에 "처분하는 것"이었다. 최근 한스 폰 키펜베르크는 블라우의 이런 견해를 다시 제기했다.[87] 나아가 제이콥 뉴스너(Neusner)는 양식비평적 방법을 통해 힐렐의 법률 제정에 관해 연구했고, 그 결과 힐렐의 이름과 성서적 근거가 2세기 이전에 견고하게 확립된 법 제도에 첨가되었다고 주장했다. 예컨대 유대 사막에서 발

---

85   *b. Giṭ.* 37b. Blau, "Der Prosbol," 111을 참조하라.
86   Jastrow, *Dictionary*, 1218.
87   Von Kippenberg, *Religion und Klassenbidung*, 139. Preisigke, *Fachwörter*, 149. LSJ, 1504.

견된 문서들은 **프로즈불**에 대해 후기 랍비들이 제시한 규정을 보여주지는 않지만, 다양한 종류의 재산에 의해 대출이 이루어진다는 사실을 알려준다.

무라바아트 계약(Murabba 'at Contract) 18(기원후 55년).

시와야(Siwaya)에서의 네로 황제 이 년[…달…날에], 시와야에서 온 하닌(Hanin)의 아들 압살롬(Absalom)은 그가 자신의 면전에서 그에게 돈을 빌리는 것에 동의했다. 케살론(Chessalon)에 살고 있는…의 아들인 요하난의 아들, 나 제카리아(Zechariah)는 [대출로] 20데나리온의 돈을 받았다. 나는…에는 그것을 갚을 것이다. 만약 내가 그것을 이 기간까지 되돌려주지 않으면, 그것의 다섯 배로 너에게 갚을 것이며 (비록 안식년이 중간에 끼일지라도) 이번 안식년에는 완전하게 갚을 것이다. 그리고 만약 내가 그리 하지 않으면, 너는 내가 갖고 있는 것들을 대체해서 가져갈 수 있고, 내가 획득할 수 있는 것을 너가 전용할 권리를 가진다.[88]

무라바아트 계약(Murabba 'at Contract) 22(기원후 132년).

이스라엘의 해방 1년, 마르헤슈반(marheschwan)의 14일에…가치 평가에 따른 동전의 [합] 50[데나리온]. 키즈키아(Chizqia)의 이 땅 뙈

---

88   Benoît et al., *Les Grottes de Murabba'at*, 1:100 이하. Koffmahn, *Die Doppelurkunden*, 80-1. Neusner, *From Politics to Piety*, 17. 각주 2를 참고하라.

기는…의 가치에 대한 [빚의] 지불을 위한 담보다.[89]

프로즈불은 원래 부동산을 담보로 돈을 빌려주고 법원의 절차를 통해 압류를 실행하는 법적 장치였다고 할 수 있다. 이런 일은 모세의 율법 조항에 반하는 것이었는데, 이는 모세 율법이 조상으로부터 물려받은 땅을 영구적인 신탁 재산으로 보았기 때문이다(레 25:23). 어쩔 수 없이 팔 수밖에 없는 땅은 옛 이스라엘의 법에 따라 다시 되돌려주어야 했다(레 25:25-28). 만약 **프로즈불** 정책이 바리새인과 후기 랍비들 같은 도시 기술자들에게 "좋은" 것이었다면, 시골 사람들에게는 그렇게 호의적으로 여겨질 수 없었을 것이다. 뉴스너는 다음과 같이 말한다. "이제 채무자들은…자기들이 진 빚을 영구적인 짐으로 만들어버린 바리새인들을 싫어할 정당성을 여기서 찾았다."[90]

그리스의 법률 제도가 여기에 나타난다는 사실이 초기 유대교의 법적 행위들을 이해하기 위한 세 개의 "입구, 즉 프톨레마이오스 지배 아래 있는 팔레스타인, 이후 하스몬 왕조(아마도 얀나이오스), 헤롯"을 제안한다. 어떤 관점에서 이 사법 제도는 예수 시대의 사회 구조의 일부였다. 마카베오상 14:8과 14:12 같은 구절들은 마카비 형제들을 "친-농민적"인 사람들이었다고 말하는 것으로 보인다. 아리스테아스(Aristeas)의 편지(특히 107 이하)의 진술은—만약 그것이 기

---

89   Benoît, et al., *Les Grottes de Murabba'at*, 1:118이하. Koffmahn, *Die Doppelurkunden*, 158-59. 여기서 Kloppenborg는 "집행 조항"이 그리스-로마법 계약의 표준적인 특징이라고 말한다.

90   Neusner, *From Politics to Piety*, 16.

원전 100년경에 산출된 문서라고 할 때—초기 하스몬 왕조 시대에 농업이 번성했음을 확증한다. 만약 첫 번째 하스몬 왕조 시기에 고대 유대 농민들이 비교적 양호한 상태였다면, 2세기경에는 그 상태가 급격하게 악화되었다. 수많은 "자유" 노동자가 있었다는 증거가 미쉬나 이곳저곳에서 나온다. 로마 시대 갈릴리에 관한 굿맨의 책은 탄나임 자료가 말해주는 기원후 2세기의 사회적 상황을 분석하는 데 도움을 준다.[91]

기술공들과 어부들을 포함하는 시골 하층민들이 받는 억압은 세기의 전환기 팔레스타인에서 증가하고 있었다. 조상들로부터 물려받은 토지를 소유하고 있는 전통적인 농민들 대신, 한편으로는 소작농들과 임금 노동자들이 출현했고 다른 한편으로는 대규모 토지 소유자들이 출현했다. 예수의 비유는 이런 사회적 현실을 인식하기에 충분한 증거를 제공한다. 농경 사회의 이런 파괴 과정에 기름을 붓는 주요 작동 방식 중 하나는 빚의 부담이었다. 로마의 세금(헤롯 대왕의 건축 프로그램 포함)과 인구 증가는 이런 문제의 원인이 되었다.

이런저런 종류의 빚이 수많은 사람의 생존 능력을 손상시키고 있는 환경에서 예수 기도의 다섯 번째 청원은 특별한 울림과 절박함을 띠게 되었다. 그 청원의 의미는 "수평적"이고 "수직적"인 측면을 모두 갖고 있다. 수평적 의미는 마태복음과 누가복음에 나오는 청원 후반부에서 구체적으로 인식될 수 있다.

---

91   Goodman, *State and Society*.

마태복음: 우리가 우리에게 빚진 자들을 면제해주었던(또는 용서해주었던) 것처럼

누가복음: 우리 자신이 우리에게 빚진 모든 사람을 면제해주기(용서해주기) 때문에

"면제"라는 **아피에미**(*aphiēmi*, 마태복음은 완료 시제, 누가복음은 현재 시제)의 문자적인 의미 또는 구체적인 의미는 신명기 15:3(70인역)에서 분명하게 입증된다.

그렇다면 수직적인 측면은 어떻게 이해해야 하는가? 마태복음이 "우리의 **빚**을 용서해주소서!"라고 말하는 반면에 누가는 "우리의 **죄**를 용서해주소서!"라고 말하는 것에 주목할 필요가 있다. 아람어에 동일한 단어가 죄 또는 빚(*ḥôbâ*)을 의미한다는 점에서 청원의 문자적인 자료 또는 구체적인 자료를 통해 주어지는 이해는 방해받지 않는다. 또한 "우리에게"(*ḥēmin*)라는 여격 복수는 (원래 아람어에서 일반적인 요지를 가리키는) 이점(advantage)의 여격으로 이해하는 게 최선이라 할 수 있다.

청원자의 이익을 위해 빚을 용서해달라고 청원할 수 있는 두 가지 구체적인 상황이 있었을 것이다. 1) **프로즈불**이 지배적이었던 법정 체계와 2) 성전 부채 체계. 누가복음 12:58-59은 헤롯 안티파스의 관할 아래 있는 법정과 관련이 있는 것으로 보인다. 이 구절은 채무자가 엄청난 불이익(역설적이게도, 후견인인 채권자에게 청원하는 것이 보다 나은 "정의"를 제공한다)을 받은 채 법정으로 간다는 것을 분명히 하고 형을 집행하기 위해 감옥이 준비되어 있음을 말해준다(참조. 마

18:30, 34[M]). 요세푸스와 필론은 이런 방식이 어떻게 작동했는지를 명확하게 보여준다. 빚진 자를 감옥에 가두는 것은 채무자의 가족이 빚을 갚도록 강요하는 것이었다![92]

성전 역시 이스라엘인들에게 부채를 안겨주었다. 20살이 넘은 모든 이스라엘 남성들에게 성전세가 부과되었는데, 미쉬나는 세금을 지불할 수 있는 능력이 전혀 고려되지 않았음을 보여준다.

> 15일째 되는 날에는 그 지방에 [환전하는 사람]의 탁자가 설치되었다. 25일째 되는 날에는 성전에 그것들이 설치되었다. 그것들이 성전에 설치되고 난 후에 그들은 약속된 것을 받아내기 시작했다.[93]

마태복음 17:24-27(M)은 70년 이후의 상황을 묘사하는 게 확실하지만(마 17:27a), 26절의 선언은 예수에게 거슬러 올라가는 것으로 보이고 빚 용서의 개념과도 잘 어울린다. 그렇다고 할 때, 다섯 번째 청원은 "그 집(예컨대 성전)의 주인"에게 유대 권세자들이 매년 요구하는 부담스럽기 이를 데 없는 의무를 면제해달라는 요청일 수 있다.

빚에 대해 관심을 보여주는 또 다른 의미 있는 표시는 예수가 불이익을 당하는 집단들, 곧 아이들(막 9:36), 경제적인 이유 때문에

---

92   예를 들어 알비누스(Albinus)의 행동을 고려해보라(Josephus, *War* 2.273). 필론은 1세기에 한 세금징수원이 지불을 강제하기 위해 채무자의 가족 구성원들을 폭행했던 사실을 진술한다(Philo, *Spec. Laws* 3.30). Lewis, *Life in Egypt under Roman Rule*, 161-62을 보라.

93   *M. Sheq.* 1:3(Danby).

비천한 사회적 처지를 강요받는 여성들("불결한 여성"[막 5:25]; 매춘부 [마 21:31]; 과부[막 12:41-44]), 그리고 경제적으로 소외된 다른 사람들에게 보여준 관심에서 드러난다.[94] 마가복음 12:41-44/누가복음 21:1-4에 나오는 과부의 경우는 특히 경제적 소외와 부채의 연관성을 밝혀준다. 그 과부는 왜 성전에 있는 상자에 자신의 돈을 넣었을까? 또 예수는 왜 그녀의 관대함을 칭찬하거나 그녀의 불행에 애통해했을까?[95]

과부가 자신의 애통함 때문에 성전에 있는 상자에 돈을 예치해두었다고 생각하는 것이 가장 타당하다. 라이트(Wright)가 매우 설득력 있게 살펴본 것처럼 예수가 자신의 "모든 삶"을 성전 궤에 예치해두었기 때문에 과부를 칭찬했다고 생각하는 것은 예수가 고르반 맹세에 대해 바리새인들을 비난한 것(막 7:11-12)과 정면으로 배치된다. 거기서 예수가 말한 원칙은 성전에서 이루어지는 경건 행위보다 인간의 필요가 우선한다는 것이다. 이와 똑같은 논리가 성전 궤에 돈을 넣은 과부의 행위에도 적용될 수 있을 것이다. 그녀가 성전 제사를 통해 하나님께 한 일이 무엇이든, 그것은 그녀 자신과 아버지 없이 자라고 있는 그녀의 아이들의 것을 박탈하는 일이다. 나아가 라이트는 공관복음 전승 안에 있는 이 이야기와 이 이야기 바로 앞에 나오는 예수의 말씀 사이에 중요한 연관성이 있음을 지적한다.

---

94 이들 집단과 경제적 소외의 연관성에 대한 논의를 위해서는 Schottroff & Stegemann, *Jesus and the Hope of the Poor*, 6-17; Stegemann과 Stegemann, *The Jesus Movement*, 79-95을 보라.

95 Wright, "The Widow's Mites," 256-65.

"서기관들을 삼가라. 그들은 과부의 가산을 삼키고 외식으로 길게 기도하는 자들이니"(막 12:39, 40).

라이트는 "과부의 가산을 삼킨 것"과 과부의 동전 사이의 이런 연관성을 가지고 한 걸음 더 나아갔다. 또한 비록 애통함이 분명하게 존재할지라도 예수의 말씀 속에서 일정 정도 칭찬의 측면을 찾아낼 수 있는 근거가 있는 게 사실인데, 이는 마가복음 12:41-44에 그 과부의 행위를 직접적으로 조명해주는 힐렐의 또 다른 입법 전승이 부가되었기 때문이다.

> 만약 어떤 사람이 벽으로 둘러싸인 도시 안에 있는 집들 가운데 하나를 팔았다면, 그는 그것을 즉시 또는 열두 달 안에 언제든지 되찾을 수 있다.…그 전에 그 집을 산 사람은 [그 집]이 영원히 자신의 것이 될 수 있도록 열두 달의 마지막 날에 숨어버리곤 했다. 그러나 장로 힐렐은 [집을 판] 사람이 자신의 돈을 [성전] 방에 예치한 후 문을 부수고 들어갈 수 있게 했고, 그 집을 산 사람은 자기가 원할 때 와서 그 돈을 취할 수 있도록 규정했다.[96]

이 전승은 힐렐이 "과부의 가산을 삼키는" 서기관들에게 흠집을 내는 것처럼 보이지만, 사실 이것은 그 과부의 행위를 이해하기 위한

---

96   Mishnah ʿArak. 9:3-4. 이 전승에 대한 자세한 논의가 Neusner, *From Politics to Piety*, 18-19에 나온다. 되돌려 받을 권리를 주장할 수 있는 돈을 성전에 예치하는 것에 관해서는 Ginzberg, *Studies in the Economics of the Bible*, 62-63; K. C. Hanson과 Oakman, *Palestine in the Time of Jesus*를 보라.

상황과 한탄과 칭찬이 혼합된 예수의 주목을 이해하기 위한 합리적인 근거를 제공한다. 그 과부는 가족을 위해 (땅을 포함하여) 자신의 집을 보존해야 할 의무에 충실하다는 것을 보여주고 있었다. 이런 관점에서 그녀의 예치금은 일종의 상환금이었다.

(두 번째: 첫 번째 목록에 있는 청원 2)

첫 번째 목록에서 하나님 나라와 하나님의 뜻에 대해 이해할 수 있도록 구성하면서 공관복음 전승의 마지막 바로 앞 단계에서 강조하는 바는 Q와 마가복음의 예언적인 이해가 어떻게 예수의 기도에 살을 붙였는지를 보여준다. Q2는 이스라엘의 예언자들에게 일반적인 관심을 기울이고 세례 요한과 예수를 그들의 운명과 연결시켰다. 요한은 분봉왕 필립의 통치 지역인 바타네아(Batanea)의 한 곳에서 활동했었다.[97] 또한 요한은 페레아와 헤롯 안티파스 영토하고도 관련된다. 엘리야는 길르앗 출신이었고(왕상 17:1), 엘리야와 세례 요한의 연계는 최소한 마가복음(막 1:6)에 나타난다. 또한 엘리야-엘리사 전승들도 급식 기적에 대한 관심(왕상 17:6, 16)과 과부에 대한 특별한 관심(왕상 17:8; 왕하 4:1-7)을 보여왔기 때문에 예수 활동에 나타난 이런 측면들 역시 마가복음(막 6:15; 8:28; 9:4, 11-13)과 누가복음(눅 4:26)에서 강조되었다.

---

97   Riesner, "Bethany beyond the Jordan," 704.

과부의 위태로운 법적 지위에 대한 인식은 고대 근동에서 오랫동안 지속되었는데, 이것은 특히 지혜 전승과 왕들의 포고문에서 나타난다.[98] 그리스인들과 달리 수많은 고대 근동 사람들은 하나님(혹은 신들)과 지상의 권력자들이 과부와 고아에 대해 특별한 의무를 갖고 있었다고 믿었다. 구약성서는 이것에 대해 다음과 같이 말한다.

> 너는 고아와 과부를 해롭게 하지 않아야 할 것이다. 네가 만일 그들을 해롭게 하여 그들이 나에게 울부짖으면, 내가 반드시 그들의 부르짖음을 들을 것이다. 내 진노가 불 같아서 내가 칼로 너희를 죽일 것이니 너희 아내들이 과부가 될 것이고 너희 자녀들은 고아가 될 것이다(출 22:22-24).

아크하트(Aqhat)의 우가리트 이야기는 현자 다니엘을 찬양한다.

> 라파 사람(Rapha-man) 다니엘, [하르나미야 사람, Harnamiyy-man] 가지르(Ghazir)가 즉시 일어나 타작마당에 있는 커다란 나무 아래 [문 앞에서 재판을 시작하여] [과부의] 소송을 [판결하고], [아버지가 없는 자의] 소송을 [판결한다].[99]

바빌로니아의 함무라비 왕(기원전 18세기)은 자기가 과부와 고아의

---

98 특별히 과부의 곤경을 이해하는 데 도움을 받기 위해서는 Stählin, "χηρα"를 보라.
99 Pritchard, ed., *The Ancient Near Eastern Texts*, 126.

권리들을 보호했다고 자랑한다.[100] 이집트의 지혜 전승에 나오는 "메리카레(Meri-Ka-Re)를 위한 가르침"(기원전 2025-1700년)에는 다음과 같이 훈계하는 내용이 나온다.

지상에서 참고 견디면서 정의를 행하라. 우는 자들이 없게 하고, 과부를 억압해서는 안 되며, 누구도 아버지의 재산을 다른 것으로 바꾸어서는 안 되고, 그 어떤 관리들도 자신들의 지위를 이용해 사람들을 상하게 해서는 안 된다.[101]

과부와 재산 및 관리들을 연결하는 것은 "과부들이 종종 빚을 대신해 종으로 팔린다는 점에서 고대의 법이 과부를 억압하는 법으로 비칠 수 있고", "과부들이 겪는 주된 곤궁은 법적인 영역에 있었다"는 점에서 의미가 있다.[102]

이후의 전승들은 계속해서 이런 사실을 상당히 정확하게 입증한다. 유대 광야에서 발견된 쿰란 자료가 이 문제에 대한 날카로운 인식을 보여준다.

그들이 사악한 자들의 시대에 율법의 정확한 해석에 따라 행동하는 데 신중하지 않는다면, 흠 있는 자식들로부터 자신을 분리하는 데 신중하지 않는다면, 약속이나 맹세에 의해 더럽혀진 악한 부, 성전의 부

---

100   다른 고대 근동 관련 자료는 Gustav Stählin, "χηρα," 443 각주 31번을 보라.
101   James B. Pritchard, *Ancient Near Eastern Texts Relating to the Old Testament*, 415.
102   Gustav Stählin, "χηρα," 443, 445.

와 가난한 사람들의 것을 강탈하는 것 그리고 과부들을 자신들의 전리품으로 만드는 것과 고아를 살해하는 것을 삼가는 데 신중하지 않는다면….[103]

이스라엘 법정은 고아에게 속한 재산을 그들의 아버지의 빚을 갚는 용도로 사용할 수 있었다.[104] 과부들의 재산도 마찬가지로 취약했다. 만약 과부의 남편이 자신의 재산을 성전에 봉헌했다면, 과부가 결혼했을 때 행한 계약은 효력을 잃을 수도 있었다. 그러나 랍비는 그 재산을 되돌려 받았을 때, 아내에 대한 남편의 이전 계약 의무들이 계속해서 유효하다고 규정했다. 이전 남편으로부터 물려받은 것이든 아니면 상황에 의해 강요된 것이든, 고대 세계에서 빚과 의무들은 과부의 경제적 안정성을 심각하게 해칠 수 있었다.

민수기 라바(Numbers Rabbah) 21:12은 여성의 유산이 오직 재판관을 통해서만 변경될 수 있다고 말한다.[105] 고대 세계에서 재산을 통제하는 것은 사람이 하는 게임이었다. 민수기 라바 10:1은 비록 법 규정이 정확한 쟁점을 분명하게 언급하지 않을지라도, 과부가 어떻게 자신의 아들을 상대로 소송을 제기하는지를 말해준다.[106] 의심할 나위 없이 쟁점은 재산이나 과부의 생계 유지비에 관한 것이고,

---

103 CD VI 14-17. Florentino García Martínez, *The Dead Sea Scrolls Translated: The Qumran Texts in English*, tran. Wilfred G. E. Watson (Leiden: Brill, 1996), 37.
104 *M. 'Arak.* 6:1.
105 H. Freedman & Maurice Simon, eds. *Midrash Rabbah*, 6:840.
106 앞의 책, 5:333.

또한 이것은 초기 랍비들이 행하는 토론의 관심사들이었다.[107] 출애굽기 라바(*Exudus Rabbah*) 31:5은 과부들이 이자가 붙은 대출 때문에 억압당하고 있음을 보여준다.[108]

두 번째 청원은 하찮은 사람들이 겪는 억압적인 고통에 대해 보이는 예수의 즉각적이고 구체적인 관심을 왕족의 영역과 연결하고 약자들을 왕의 정의 아래 두는 고대 근동의 오랜 전승들과 연결한다. 카디쉬의 근거를 통해 제안한 바와 같이 하나님 나라의 도래를 원하는 두 번째 청원은 이 세상에서 하나님의 통치가 이루어지는 (종말론적) 희망을 강조한다. **아바**와 주의 기도의 두 번째 목록에 나오는 2인칭 명령법은 하나님이 청원자의 요구에 즉각적으로 반응하는 것을 가리킨다. 지혜적 Q 역시 예수의 활동 안에 하나님이 현존하신다고 생각하는 보다 강력한 의미를 공유한다. 이런 즉각성은 유대-로마 전쟁이 일어나기 전 수십 년 동안 발전해왔고, Q2와 마가복음에서 분명하게 나타난 하나님 나라의 강력한 종말론적 의미로 인해 다소 손상된다. 예수와 추종자들이 부채를 즉시 면제해달라고 요청했었던 반면에 종말론은 면제를 위한 기다림을 연장하거나 문자적인 의미의 빚을 죄로 바꾸어버렸다(예를 들어 눅 12:33-34).

---

107 *Mishnah Ketuboth*.
108 Freedman & Simon, eds. *Midrash Rabbah*, 3:397.

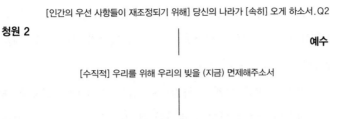

청원 2

[인간의 우선 사항들이 재조정되기 위해] 당신의 나라가 [속히] 오게 하소서.Q2

예수

[수직적] 우리를 위해 우리의 빚을 (지금) 면제해주소서

청원 5

[수평적] 우리가 우리에게 빚진 자들을
(지금) 면제해준 것처럼

하나님께 빚을 면제해달라고 요청하는 것은 빚의 작동 방식을 통해 인간을 억압하는 일이 중단되는 하나님 통치의 명분 안에서 하는 것이다. 법정과 다른 "법적" 수단들이 이런 작동 방식을 가능케 한다. 이것은 논리적으로 예수의 마지막 청원을 이끈다.

두 번째 목록에 있는 청원 6

대부분의 주석가는 이스라엘인들이 가지고 있는 종말론에 비추어 여섯 번째 청원을 악이 궁극적으로 패배하게 해달라고 하는 요청으로 간주한다.[109] 이것이 마태복음이나 누가복음의 편집 단계들에서 그 의미에 더 가까울 수 있지만, 예수에게 여섯 번째 청원의 의미는 훨씬 더 일상적이고 지금까지 추적해왔던 관심사들과 더 적절하게

---

109 Viviano, "The Gospel according to Matthew," 645가 대표적이다. Stendahl, "Matthew," 778-79을 보라. Str-B. 1:422를 참조하라.

연결된다. 약자를 위해 정의가 전복되는 것에 초점을 맞추고 하나님이 직접 그 폐해들을 바로 잡아주라고 호소하는 것 말이다.

불의한 재판관 비유(눅 18:2-5)는 신분이 낮은 사람들의 상황과 부채 문제 그리고 법정을 아주 잘 연결한다.[110] 과부가 한 일의 원인이 빚에 있다고 직접적으로 진술하지는 않지만, 그녀의 익명의 법적 상대자로 사용된 단어인 "법적 상대"(*antidikos*)는 또 다른 중요한 본문인 누가복음 12:58-59[Q]에도 나온다. 과부의 법적 상대자는 채권자일 가능성이 크다. 이런 사실은 우리가 이미 살펴본 내용, 즉 고대 세계의 과부들이 겪는 전형적인 어려움과 일치한다.[111]

재판관이 "하나님을 두려워하지도 않고 사람을 존중하지도 않은" 사람이라는 것을 두 번씩이나 반복하는 구절들(눅 12:2, 4)은 또 다른 핵심적인 연결 고리를 제공한다. 이 구절이 가지는 일반적인 의미는 이미 누가복음 18:6에서 "불의한 재판관"이라는 "호 크리테스 테스 아디키아스"(*ho kritēs tēs adikias*)라는 그리스어 구를 통해 제시되었다. 피츠마이어는 요세푸스가 여호야김 왕에 대해 "하나님을 경외하지도 않고 사람을 공정하게 대하지도 않았다"고 말하는 병행 구절을 인용하여 그 구절을 "하나님을 두려워하지도 않고 사람을 돌보지도 않았다"로 번역한다.[112] 오만불손함은 그 문제의 일부일 뿐이다. 이스라엘인들에게 "하나님을 두려워하는 것"은 하나님이 원하시는

---

110 Derrett, "Law in the New Testament."는 이 비유를 읽는 데 도움이 된다. 이 비유는 집회서 35:12-18에 예시되어 있다. Manson, *Sayings of Jesus*, 305-8을 보라.
111 Derrett, "Law in the New Testament," 187을 참조하라.
112 Fitzmyer, *Luke*, vol. 2. 1178.

일을 행하는 것을 함축하고 있다는 점에서 서술의 전반부는 하나님의 뜻을 행한다는 차원에서 생각해볼 필요가 있다. 구약성서의 지혜 전승에는 "주를 두려워하는 것이 지식의 시작이다"라는 정서가 나온다. 집회서는 하나님을 두려워하는 것과 하나님의 율법 및 지혜를 분명하게 연결한다.

> 주를 두려워하는 사람은 이것을 행할 것이며,
> 율법을 지키는 사람은 지혜를 얻을 것이다(집회서 15:7).

따라서 이 이야기에서 재판관의 문제와 그의 불의의 근원은 하나님의 뜻을 존중하지 않는 것일 가능성이 높다. 결국 그는 출애굽기 22:22을 진지하게 받아들이지 않은 것으로 보인다.

그렇다면 "사람을 배려하거나 혹은 돌보지 않는다"라는 이 구절의 후반부는 어떻게 이해할 수 있을까? 아마도 이것은 재판관이 하나님을 얼마나 두려워하지 않는지를 구체적으로 표현해주는 말이라고 할 수 있다. 그가 과부의 곤경을 돌보지 않으니 말이다. 다른 한편으로 이것은 그와 같은 다채로운 표현에 대한 보다 단조로운 결론이다. 그리스어 관용구라기보다는 셈어 관용구인 것이 분명한 어떤 종류의 관용구를 용의선상에 둘 필요가 있다. 나아가 "하나님을 두려워하지 않는다"라는 것과 같은 의미를 가진 병행구도 용의선상에 둘 수 있다. 히브리어 구약성서에 나오는 일반적인 관용구이자 랍비들의 글에서 지속적으로 사용되는 관용구가 약간의 도움을 제공하는 것으로 보인다. 구약성서에서 "얼굴을 들어 올리는 것"은

"호의와 존중 또는 편파적인 지지를 보이는 것"을 의미한다.[113] 누가복음 본문에 나오는 **엔트레포마이**(*entrepomai*)라는 그리스어 동사는 "존중하다"를 의미한다.[114] 구약성서에서 편파적으로 재판하는 것은 악랄한 것으로 간주되었다. "어떤 사람의 얼굴을 은으로 바꾸는 것"(즉 선물이나 뇌물을 받는 것)은 정의를 무너뜨리는 것과 동의어로 여겨졌다(잠 6:35). 우리는 후기 유대 전승에서 지극히 전형적인 사실을 발견할 수 있다.

> 이것이 일상적으로 경험하는 것이다. 두 사람이 재판관에게 나아가는데, 그중 한 사람은 가난하고 다른 한 사람은 부자다. 이때 재판관은 얼굴을 누구에게 향하는가? 부자를 향하지 않는가? [115]

이런 관용구는 "존중하다"(*entrepomai*)의 의미를 이해하는 데 도움이 되지만, 이 이야기는 그 불의한 재판관이 사람을 존중하지 **않는다**고 말한다. 여기서 우리는 그 재판관이 더 강한 이유 때문에 편파성을 보인다는 사실을 강조하기 위해 사용된 역설적인 이야기 장치를 용의선상에 둘 수 있을까? 그렇다면 예수의 청중은 누가복음 18:4에서 그 재판관이 보여주는 자기기만에 (씁쓸한) 웃음을 지을 것이라

---

113   BDB, 670; Jastrow, *Dictionary*, 937.
114   70인역에 나오는 **엔트레포**(*entrepō*)라는 그리스어 동사의 번역에 대한 연구를 통해 몇몇 경우에 기본적인 히브리어 본문이 "얼굴"을 포함하는 관용구를 가진다는 사실을 알 수 있다(예를 들어 출 10:3, 왕하 22:19).
115   *Lev. Rab.* 3:2(4:37)

고 예상할 수 있다. 아마도 이중적인 의미가 있을 것이다. 만약 그 재판관이 "하나님을 두려워하지도 않고 인간적인 고려 사항들에 대해 편파적이지도 않았다"면 말이다. 그는 돈을 지불할 능력을 가진 힘 있는 사람들에게는 편파적이겠지만, 그 과부는 사람을 몹시 불쾌하게 하는 끈질김 외에는 줄 수 있는 그 어떤 것도 갖고 있지 않았다. 집회서는 바로 이런 종류의 상황을 인식하고 있었다.

> 그[하나님]에게 뇌물을 바쳐서는 안 된다. 왜냐하면 그는 그것을 받지 않을 것이기 때문이다.…주는 재판관이기 때문이며, 그에게는 그 어떤 편파성도 없기 때문이다. 그는 가난한 사람의 소송에서 편파성을 보이지 않을 것이다.…그는 아버지가 없는 자의 탄원을 무시하지 않을 것이며 과부가 자신의 사정을 쏟아낼 때도 무시하지 않을 것이다. 과부가 그들을 넘어지게 한 자를 향하여 울부짖는 것처럼 과부의 눈물이 그녀의 볼을 타고 흘러내리게 하지 말라(집회서 35:12-15. 참조. 잠 6:35).

만약 예수가 살아가는 삶의 상황에서 불의한 재판관 비유의 의미가 과부의 가산을 집어삼키는 자들을 기소하는 것이었다면, 예수의 마지막 언급(눅 18:7)은 누가가 생각했던 것(눅 18:1)과는 상당히 다른 것을 의미한다. 이 이야기는 기도를 권장하는 예화가 아니라 재판관들에게 과부를 억압하지 말라고 경고하는 이야기다. 예수는 아버지가 없는 자와 과부에게 큰 자비를 베푸는 하나님이 그들의 곤궁의 원인을 신속하게 해결해줄 것을 약속한다.

그렇다면 여섯 번째 청원은 무엇을 의미하는가? 하나님에게 원인을 돌리는 것이 농민의 정서(즉각성, 직접적 부름)에 대한 이전의 언급들과 더불어 유용하게 사용될 수 있다. 문제의 핵심은 "유혹" 즉 "시험"(*peirasmos*)의 의미와 관련이 있다. 이 명사의 어근은 "페이르"(*peir-*)이며, 라틴어 "엑스페리리"(*experiri*)나 영어의 "익스피리언스"(experience)와 동족어로서, 성서 그리스어로 기록되지 않는 글에서는 극히 드물게 나온다.[116] 동사 형태는 "시도하다" 또는 "시험하다"라는 기본적인 의미로 나타난다. 호메로스(Homer) 이후 **페이라**(*peira*)는 "어떤 것의 가치를 시험하는"이라는 개념을 가진다. 그리스-로마 시기에 이 단어는 "충성 시험"이라는 의미로 황제 또는 왕과 관련이 있다.[117] **페이라스모스**(*peirasmos*)라는 그리스어는 **나사**(*nsâ*)라는 히브리어에 해당하는 아람어 **나시**(*nssi*)에서 나온 **나시온**(*nsiyôn*)을 번역한 것이다. 예컨대 성서에서 **페이라**라는 그리스어와 유사한 의미를 가진 단어는 군사 장비를 시험하거나 사용하기 위한 시도를 나타내는 곳에 사용된다(삼상 17:39). 아마도 가장 중요한 사건은 성서 지혜 안에 나타난다. 욥기 9:23-24은 죄 없는 사람의 "시련"(실제로 어근이 *nsâ*이다)을 악한 자의 번영과 "재판관의 얼굴을 가리는 것"(즉 정의를 부인하는 것)과 연결시킨다. 후기 랍비들은 "유혹"이라는 일반적인 이해를 강조한다.[118]

마태복음의 일곱 번째 청원은 다소 확실하지 않은 이런 설명들

---

116 단 세 번만 나온다. BAGD, 640; Seesemann, "πειρα," 23.
117 이집트 파피루스. Moulton과 Milligan, *Vocabulary*, 501; Plutarch, *Brutus* 10.
118 Str-B. 1:422.

을 확증해줄 것이다. 그것이 여섯 번째 청원의 의미를 편집적으로 확장한 것이라고 할 때 말이다. 그렇다면 "악인"은 빚을 추심하는 데 편파적이고 왕이나 황제의 이익을 위해 재판을 조작하여 주재하는 부패한 재판관을 의미한다. 여섯 번째 청원과 일곱 번째 청원은 악한 재판관이 뒤집어버린 법적 절차들로부터 구원해줄 것을 생생하게 요청한다.

두 번째 목록에 대한 이런 논의에 비추어볼 때, 원래 예수의 기도가 구체적이고 치밀하게 구성되었을 가능성이 높다. 그것은 굶주림과 빚, 악한 재판관들이 조작한 재판 때문에 겪는 시련으로부터 구원해달라는 요청을 생생하게 보여준다. 로마 팔레스타인의 사회 체계는 성전 종교가 강화한 부채 관계들을 통해 수많은 굶주림과 사회적 소외를 양산했다. 예수의 기도는 그들의 곤궁을 직접적으로 고지할 수 있게 해주었고, 하나님이 이집트에서 이스라엘 백성의 울부짖음을 들으셨던 것처럼 그들의 기도를 들어주실 것이라는 희망을 품게 했다.

하나님 나라의 현존(눅 11:20[Q])은 인간의 제도와 행위에 엄청난 영향을 끼친다. 수많은 예수의 비유들이 이와 같은 새로운 힘에 대해 말한다. 누룩(눅 13:20-21[Q], 누룩 비유)이나 들판의 커다란 겨자 관목으로 자라는 작은 씨(막 4:30-32과 병행구)와 같은 효과를 내는 힘 말이다. 인간사의 관점에서 볼 때 하나님의 통치는 갑자기 값비싼 진주를 발견한 것(마 13:46[Q])처럼 방향 감각을 잃었다가 다시금 방향을 재설정하는 것과 같다. 하나님의 통치는 인습적인 지혜의 관점에서 볼 때 어리석기 그지없는 놀라운 행동들을 이끈다(눅 10:29-

37[L] 선한 사마리아인의 비유, 눅 15:11-32[L] 탕자의 아버지 비유). 첫 번째 목록의 세 번째 청원은 이런 이해를 더욱 발전시킨다.

(두 번째: 첫 번째 목록에 있는 청원 3)

"하나님의 뜻"(thelēma tou theou)에서 "뜻"은 70인역에서 종종 하나님의 "기쁨"(hepeṣ)을 위해 사용되는 히브리어 단어를 번역한 것이다.[119] "뜻"을 위해 사용된 다른 중요한 히브리어 단어는 라촌(raṣôn)이다. 둘 중 어느 경우든 셈어에서 강조되는 것은 하나님의 뜻이 갖는 보편적인 윤리와 그것의 구체적인 실천이다.[120] 이것은 두 단어가 나오는 구약성서의 일부 내용에서 알 수 있는 사실이다.

[주가] 고레스에게 말한다. "그는 내 목자다. 그가 나의 모든 **목적**을 성취할 것이다"(사 44:28).[121]

주가 그를 사랑한다. 그는 그의 **목적**을 바빌로니아에 이행할 것이다 (사 48:14).[122]

---

119 Schrenk, "θελημα." Schrenk, "βουλομαι"; McCasland, "Will of God"을 참조하라.
120 McCasland, "Will of God."
121 "목적" = 70인역 thelēma = ḥpṣ
122 "목적" = 70인역 boulē = ḥpṣ

오 나의 하나님, 내가 당신의 뜻을 행하기를 **기뻐합니다**. 당신의 법이
나의 마음 가운데 있습니다(시 40:8).[123]

마지막 인용문에서 시편 저자는 뜻과 기쁨을 함께 사용하고 있고,
"뜻"과 "법"의 병행은 특별히 주목할 만하다. 제사장 혹은 제의적 문
맥에서 하파츠(ḥapaṣ[동사])와 라촌(raṣôn[명사])이 많이 나타나는데,
정의와 자비가 하나님을 기쁘게 하는 자질이라는 사실을 강조하는
문맥에서도 ḥpṣ(동사와 명사 형태)가 매우 많이 나타난다.

> 자랑하는 자는 이것으로 자랑할지니. 곧 명철하여 나를 아는 것과 나
> 여호와는 사랑과 정의와 공의를 땅에 행하는 자인 줄 깨닫는 것이라.
> 나는 이 일을 **기뻐하노라**. 여호와의 말씀이니라(렘 9:24).

> 나는 인애를 **원하고** 제사를 원하지 아니하며 번제보다 하나님을 아는
> 것을 원하노라(호 6:6).

아마도 구약성서에 나오는 구절들 가운데 이 논의의 목적에 부합하
는 가장 중요한 구절은 말라기에 있다고 할 수 있다. 이곳에는 하나
님의 기쁨이나 불쾌함을 나타내는 다양한 단어들이 나온다. 나아가
이 책에는 엘리야의 귀환에 대한 희망이 표명되는데 이것은 성서 여
러 곳에서 세례 요한의 사역과 예수의 사역을 이야기하는 복음 진술

---

123   "뜻" = 70인역 *thelēma* = *raṣôn*.

들에 덧칠해진 주제다. 마지막으로 말라기가 제의를 비판하는 내용은 예수 전승과 현저하게 병행한다는 것을 제안한다.

> 만군의 여호와가 이르노라. 내가 너희를 **기뻐하지**(*ḥepeṣ*) 아니하며 너희가 손으로 드리는 것을 받지도 않을 것이다(말 1:10).[124]

> 너희가 말로 여호와를 괴롭게 하고도 이르기를 "우리가 어떻게 여호와를 괴롭혀 드렸나이까?" 한다. 이는 너희가 말하기를 "모든 악을 행하는 자는 여호와의 눈에 좋게 보이며 그에게 **기쁨**이 된다" 함이라(말 2:17).[125]

> 보라, 내가 내 사자를 보낼 것이니…너희가 **기뻐하는** 언약의 사자가 임할 것이라(말 3:1).[126]

> 그때에 유다와 예루살렘의 봉헌물이…여호와께 **기쁨**이 될 것이다(말 3:4).[127]

하나님의 "뜻" 즉 하나님을 기쁘게 하는 것은 말라기에서 제의뿐만 아니라 윤리적인 것도 드러낸다.

---

124   참조. 막 7:6-7; 12:32-34; 막 9:13; 23:23.
125   참조. 막 3:4; 마 23:27-28.
126   참조. 막 9:11-13; 마 23:30, 34; 눅 4:18-19(사 42:1).
127   막 11:15-19.

제사장의 입술은 지식을 지켜야 하겠고, 사람들은 그의 입에서 **율법**(*torah*)을 구하게 될 것이니 제사장은 만군의 여호와의 사자이기 때문이다. 너희는 옳은 길에서 떠나 많은 사람을 **율법**에 거스르게 한다.…너희가 레위의 계약을 깨뜨렸다. 너희가 내 길을 지키지 아니하고 **율법**을 행할 때에 편파적이었기 때문에 나도 너희로 하여금 모든 백성앞에서 멸시와 천대를 당하게 했다(말 2:7-9).

내가 심판하러 너희에게 임할 것이다. 점치는 자에게와 간음하는 자에게와 거짓 맹세하는 자에게와 품꾼의 삯에 대하여 억울하게 하며과부와 고아를 압제하며 나그네를 억울하게 하며 나를 경외하지 아니하는 자들에게 속히 증거할 것이다. 만군의 여호와가 말한다(말 3:5).

이 구절들은 레위 자손들에게 고지되었다(말 2:8, 3:3). 고대 이스라엘인은 레위인들이 **토라**(율법) 안에서 제의와 재판을 모두 행한다고생각했는데, 이 구절들은 바로 이스라엘인들의 이런 이해를 반영한다. 그렇다면 그런 전통이 어디에 보존되어 전해졌을까? 일반적으로 말라기서는 느헤미야와 에스라가 활동할 당시인 기원전 5세기초의 것으로 여겨진다.[128] 문헌 안에서 분명하게 나타나는 제의 비판

---

128 말라기서의 역사적 상황을 위해서는 Eissfeldt, *The Old Testament*, 442-43을 보라. 느헤미야의 연대는 꽤 확실하다(기원전 446-434년). 에스라의 활동 연대는 다양하다. 가장 그럴듯한 두 연대는 기원전 458년과 398년(스 7:1에 나오는 아닥사스다)이다. Cross, "Reconstruction of the Judean Restoration," 14. 각주 60번은 기원전 458년을 더 그럴듯한 연대로 본다. 반대 의견에 대해서는 Eissfeldt, *The Old Testament*, 554-55을 참조하라.

의 특징은 저자가 제사장에 속하지만 상류층에 속하지 않았음을 제안한다. 포로기 이후의 상황에서 아론의 후손들은 예루살렘 제의에서 지배적인 인물들이었다. 게다가 말라기서에 나오는 레위 자손들에 대한 내용은 두 번째 계층의 제사장 집단에 속한 저자의 관심을 드러낸다. 에스겔서는 레위인 또는 혈통이 레위에게까지 거슬러 올라가는 사람들이 포로로 끌려간 직후부터 냉대를 받았음을 말해준다(겔 44:10-31). 실제로 에스겔은 아론의 후손들을 레위인을 대체하는 사람들로 언급한다.

> 과부나 이혼한 여인에게 장가들지 말고…그들은 내 백성에게 거룩한 것과 속된 것의 구별을 가르치며, 부정한 것과 정한 것을 분별하게 할 것이다. 송사하는 일에 있어서 그들은 재판관으로서 행동할 것이며, 그것을 나의 규례대로 재판할 것이다(겔 44:22-24).

이것들이 말라기서와 관련된 문제이고, 이 때문에 말라기서가 "레위의 자손들"이라는 보다 포괄적인 명칭을 통해 아론의 후손들을 생각하고 있었는지는 분명하지 않다. 어떤 경우든 말라기서는 비판적인 관점에서 기록되었을 뿐 호의적인 관점에서 기록되지 않았다. 이 글은 제사장들이 제의와 계약적 관심사들에 관여하는 것이 틀림없다고 주장한다. 아마도 말라기서의 저자는 (계약 윤리와 제의적 관심사들이 혼합된) 옛 이스라엘의 율법 전승에 관해 잘 알고 있는 낮은 계층의 제사장이었을 것이다. 이런 관점의 증거로 말라기서의 마지막 장에 옛 이스라엘의 카리스마적 예언자인 디셉 사람 엘리야가 등장한다는 점을 들 수 있다.

엘리야에 대한 후기 전승은 매력적인 연구 자료를 제공해준다.[129] 거기에는 광범위하게 퍼진 엘리야에 대한 대중적 신념을 살짝 엿볼 수 있게 해주는 내용이 있다. 그리고 그것은 다양한 집단의 특별한 필요들과 일치하는 기대들을 보여준다.

말라기 3:2은 사자(말 4:5에 따르면 엘리야)의 역할을 "정화"로 그리고 있다. 나아가 앞서 인용한 구절에서 지적한 것처럼 엘리야는 법적으로 불이익을 당하는 사람들을 위해 재판의 온전성을 회복할 것이다(말 3:5-12). 말라기 4:5은 엘리야가 아버지들의 마음을 자녀들에게로 돌리게 할 것이라는 내용을 추가한다. 집회서(기원전 200년)는 이 목록에 이스라엘 지파들이 회복될 것이라는 내용을 추가한다(집회서 48:10). 랍비 전승에 따르면, 엘리야는 논쟁이 되는 율법 문제들을 결정할 것이다.[130] 더욱이 대중적인 측면에서 볼 때, 즉 북이스라엘의 전승을 반영할 때, 엘리야는 메시아에게 기름을 붓고 메시아 시대의 상징들, 곧 세 대접의 만나, 정화된 물, 기름을 마련할 것이다.

그래서 엘리야는 마지막 때에 하나님의 백성들을 준비시킨다. 평화가 회복될 때, 공동체가 복원되고, 적그리스도가 제압되어 죽임을 당하며, 메시아가 자신의 왕의 임무를 위해 기름부음을 받고, 그 후에 마지

---

129 Lightfoot, *Commentary*, 2:243-47(마 17:10). Jeremias, "Ηλ(ε)ιας." Billerbeck, "Der Prophet Elias," 부록 28. Str-B. 4:764-98.

130 Jeremias, "Ηλ(ε)ιας," 934.

막 위대한 은혜의 시대가 시작된다.[131]

따라서 엘리야는 하나님의 종말론적 뜻 혹은 기쁨을 날인하기 위해 온다. 주의 기도의 세 번째 청원은 이런 기대들을 환기시키고, 인류 가운데서 하나님의 뜻을 구체적으로 이행해달라고 요청하는 다른 청원들과 결합된다. 이 점은 원래의 형태로 여겨지는 마태복음의 확대된 세 번째 청원, 즉 "하늘에서처럼 땅에서도 이루어지게 하소서" 라는 청원에서 강조된다. 이런 병행은 단지 세 번째 청원만이 아니라 첫 번째 목록 전체를 통해 의도된 것이라고 할 수 있다.[132] 그것은 확실히 다른 청원들에 함축된 사실에 대한 명시적인 결론으로 적합할 것이다. 더욱이 세 번째 청원에는 하나님의 뜻을 이행하도록 확증된 사람들—율법 혹은 토라의 해석자들, 예를 들어 제사장들, 레위인들, Q2의 시대의 학자들—은 틀림없이 비난받을 수 밖에 없음이 넌지시 암시된다. 만약 지금 하나님의 뜻이 있는 그대로 이행되고 있지 않다면, 그때 그것을 이행하도록 확증된 사람들은 실패한 것이다(눅 11 ┃ 52[Q] 참조).

이 청원은 여섯 번째 청원(그리고 어쩌면 일곱 번째 청원) 안에 이미 함축되어 있음을 꽤 구체적으로 표현한다.

---

131   위의 책.
132   오리게네스는 이미 오래전에 이것을 제안했다. Smith, "Lord's Prayer," 156.

청원 3	당신의 뜻이 이루어지게 하소서. Q2[와서 진실로 재판할 엘리야]

예수

청원 6	우리를 시험[법정]에 빠지지 않게 하소서(마태복음 + 누가복음).
청원 7	우리를 악[재판관]에서 구원하소서(마태복음).

원래 이들 후자의 청원들은 법정 소송을 통해 압류나 투옥의 위협 앞에 있는 사람들의 당면한 관심사들을 표현했다. 또한 이것들의 정서는 겟세마네에서 고통 장면에도 어울리는 것으로 여겨졌다. 거기서 예수는 세 번째 청원과 꽤 유사한 용어들을 사용해 기도한다. 그 기도는 예수가 체포되어 정반대의 신념을 가진 산헤드린으로 끌려가기 직전에 제시된다. 그는 자신의 가르침(막 12:40)과 행위들(막 11:15-17)을 통해 기원후 30년경 로마 팔레스타인에 빚과 가난을 확장시키는 사회의 작동 방식을 공개적으로 비판해왔기 때문에 체포되었다. 마가복음에 따르면, 예수는 엘리야의 사역을 행하기 위해 고난을 받으려 한다.

결론

예수의 사역과 관련해서 볼 때, 주의 기도는 이 세상의 구체적이고 당면한 것이며 지속적인 관심사들을 보여준다. (오랫동안 제시되어온 학자들의 견해가 그렇듯) 우리가 여전히 그것들의 의미를 이해하기 위한 기본적인 틀이 "종말론"이라고 말할 수 있는 반면에, 인간이 살아가면서 직면하는 일들과 삶의 조건들의 궁극적이고 최종적인 변화를 희망하는 것이라는 점에서 주의 기도는 지금까지 미심쩍어했던 것보다 훨씬 더 지금 그리고 여기에 있는 구체적인 문제들이나 인간의 복지와 관련된다.

이 글은 예수의 원래 기도가 독특한 **아바** 고지와 청원 4-6으로 구성되어 있고, 일곱 번째 청원은 유사한 병행구를 통해 청원 6을 반복한다고 주장해왔다. 이 청원들은 빚 회수를 강제하고 그로 인해 적절한 양식의 결핍을 초래하는 법정과 밀접하게 관련된 사회적 문제들에 초점을 맞추는 것들이다. 그 문제들이 실질적인 것이든, 생존과 관련된 것이든, 재산에 속한 것이든, "일상적인" 것이든 말이다. Q 전승 안에 있는 주의 기도의 첫 번째 목록은 이스라엘의 위대한 전통에 기초하고 있고, 예수 전승을 산출한 이들 초기 필사자들이 갖고 있는 보다 추상화된 신학적 관심사들을 반영하고 있다.

따라서 두 개의 주의 기도 목록은 서로 유기적으로 연결되어 있고, 일정 정도 내적으로 통일되어 있다. 두 번째 목록이 구체적인 인간의 필요를 구하고 예수가 갈릴리에서 펼친 운동이 가진 특유의 가치를 표현해준다면 첫 번째 목록은 하나님의 일반적인 돌봄과 인간의 신실한 행동의 기준을 분명하게 보여준다. 보다 이른 시기에 만들어진 두 번째 목록에 있는 각각의 청원은 보다 이후에 만들어진 첫 번째 청원의 병행 요소와 어느 정도 제한적으로 관련된다.

	목록 2 최초(예수, Q1?)		목록 1 두 번째(Q2, 후기 복음서 저자들)
청원 4	매일의 양식을 위한 청원	청원 1	이름이 거룩하게 되기를 바라는 축복
청원 5	빚 제거를 위한 요청	청원 2	하나님 나라의 도래를 위한 요청
청원 6-7	부정한 법정과 악한 재판관으로부터 구원하시는 하나님	청원 3	이루어지게 될 하나님의 뜻

예수의 원래 기도의 핵심적인 관심사는 억압과 부채, 굶주림, 사회적 불안으로 가득한 현실이었다. 초기 기독교 집단들이 그런 당면한 사회적 현실들의 상황에서 벗어났을 때 예수의 기도의 구체적이고 당면한 의미는 신학적 추상화의 방향으로 나아갔고 이스라엘의 전통과 초기 랍비들의 기도 형태와 같아졌다. 21세기 기독교 공동체들은 새로운 천년의 시작에 사회적이고 경제적인 위기에 직면하며 그것을 다르게 적용하는 것(transition)의 의미와 결과를 반영할 수도 있을 것이다.[133]

---

133 이 연구의 초기 원고에 날카로운 논평을 해준 Jerome H. Neyrey와 Dennis C. Dulling, John S. Kloppenborg에게 감사한다. 물론 그들은 이 연구에서 진작된 견해에 대한 책임은 없다.

제4장

조세 저항자 예수

너희가 어느 동네에 들어가 그들이 너희를 영접하거든,

　　너희 앞에 차려 놓은 것을 먹고

거기에 있는 병든 사람들을 치유하고 그들에게 말하기를,

　　"하나님의 나라가 너희에게 가까이 왔다" 하라. 눅 19:8-9[Q1]

우리가 우리에게 빚진 자를 면제해준 것처럼,

　　우리를 빚에서 면제해주소서. 눅 11:3[Q1]

서론

나는 3장에서 주의 기도에 대해 다루면서 예수의 기도의 원래 의미를 진술하고, 예수의 물질에 대한 구체적인 관심사들이 예수 자료와 복음서를 산출한 후기 필사자 전승에서 어떻게 신학적으로 추상화된 관심사들로 바뀌게 되었는지를 추적했다. 나는 예수의 기도가 그의 역사적 활동 배후에 있는 핵심적인 관심사들과 밀접하게 관련되어 있고, 굶주림과 빚, 거꾸로 된 정의라는 세 가지 구체적인 관심사들을 표명하고 있다고 주장했다. 이것들은 초기 예수 운동의 사회적 상황을 통해 볼 때 내적으로 연관된 것으로 보인다.

　예수의 구체적인 관심사들과 가장 초기에 산출된 Q의 관계에 대한 보다 철저한 탐구는 앞 장에서 마무리되지 않고 여기서 계속된다. 나는 1988년에 쓴 글에서 다음과 같이 제안했다.

　글을 읽고 쓸 수 있는 예수의 추종자들은 그의 말씀들을 기록하고 정

리했다. 읽고 쓸 수 있는 능력과 경험을 통해 예수의 말씀들을 시골의
지배적인 구전 문화에서 다소 벗어나게 했던 이 추종자들로 말미암아
전승의 의미가 변화되었다. 다른 사회적 "자리"에서 말하면서 이들 초
기 [전승들]은 보다 추상적이고 일반적인 용어(예를 들어 모든 이스
라엘 백성의 운명과 관계되거나 혹은 지혜에 대해 언급하는 용어)를
통해 예수의 출현과 말씀들의 의미를 인식했다.…그러나 다른 사람들
이 언급해왔던 것처럼 예수 전승은 고대 시골에 살던 계층들이 사용
하던 표현과 읽고 쓸 수 있는 능력을 가진 사람들이 기록으로 남긴 표
현들 간에 "상호작용"이 비교적 원활하게 이루어진 고대 세계에서 주
어진 몇 안 되는 자료 중 하나다.[1]

확실히 Q1 안에 추상화된 신학적 관심사들이 작동하고 있지만, 그
럼에도 우리는 여전히 이 전승 층에서 예수의 역사적 관심사들과 활
동에 대해 진술하는 초기 문학 자료 본문에서 일관되게 얻을 수 있
는 내용과 유사한 것을 발견할 수 있다. 국제 Q 프로젝트(International
Q Project)에서 출간한 클로펜보그의 중요한 책인 『Q 탐구와 비평판
Q』(*Excavating Q and The Critical Edition of Q*)는 Q와 예수의 사회를 비평
적으로 평가하기 위한 환경을 더욱 강화했다.[2]
　　나아가 농민들을 비교 정치학적으로 살펴본 제임스 스캇(James
C. Scott)의 연구는 예수의 의미를 더욱 분명하게 설명하는 데 도움을

1　　Oakman, "Rulers' House," 110.
2　　Kloppenborg, *Excavating Q*; Robinson, Hoffmann 및 Kloppenborg, eds. *Critical Edition of Q*.

주었다.[3] 스캇은 자신의『지배와 저항의 기술』(*Domination and the Arts of Resistance*)에서 내가 이 장에서 다루게 될 내용과 동일한 구절을 제공한다.

> 내가 현장 조사를 했던 지역인 말레이(Malay)에서 논농사에 종사하는 농민들은 이슬람의 공식적인 십일조를 지불하는 것에 분개해왔다. 그것은 불공평하고 부패한 방식으로 징수되었고, 그렇게 징수된 수익은 지방의 수도로 보내졌으며, 촌락에 사는 가난한 사람은 단 한 명도 종교 당국으로부터 그 어떤 자선금도 돌려받지 못했다. 말레이 농민들은 조용하지만 대규모로 십일조 체계를 거의 전적으로 해체하여 공식적으로 지불해야 할 양의 15%만 지불할 수 있게 했다. 십일조에 대한 그 어떤 폭동이나 데모, 저항도 하지 않았고, 단지 인내와 다양한 방식을 통해 효과적으로 야금야금 잠식해가는 방식만을 사용했다. 농경지 면적에 대한 거짓 신고, 토지 신고 누락, 세금 탈루, 무게를 늘리기 위해 물에 잔뜩 적시거나 돌과 진흙을 섞은 곡식을 바치는 것 등 말이다.[4]

최근 진행되는 Q 연구와 스캇의 농민 저항 개념은 우리로 하여금 초기 예수 전승에 대한 어떤 기본적인 사실들에 초점을 맞추도록 도움을 준다. Q 연구는 보다 이른 시기에 만들어진 층과 이후에 만들

---

3   Crossan, *Historical Jesus; The Birth of Christianity; Herzog, Jesus, Justice and the Reign of God*을 보라. 『역사적 예수』(한국기독교연구소 역간).

4   Scott, *Weapons of the Weak*, 89.

어진 층 모두를 통해 초기 말씀 전승을 분석한다. 이로 인해 우리는 예수의 말씀들이 아람어에서 번역되어 보존된 것으로 여겨지는 상황에 보다 가까이 나아간다. 예수 말씀들의 관심사들이 수반된 상황 말이다. (앞서 스캇이 진술한 것처럼) 농민 저항은 예수의 행위들을 설명하는 데 유용한 범주를 제공한다.

이번 장은 예수가 조세 저항을 "하나님 나라"를 구체적으로 표현하는 것으로 옹호했다는 논제를 다룬다. 예수의 역사적 행위들은 전복적인 저항 조치들을 통해 빚과 세금의 면제를 중재함으로써 "하나님의 통치"를 촉진하려는 시도였다. 예수는 세금 부담을 덜어 주기 위해 세금징수원들과 납세자를 모두 불러 모아 세금 감면을 중재했다. (채무 기록 조작이 포함된) 세금 상황을 모른척하며 진술하고, 그런 경감을 위해 기도하는 추종자들의 활동에 초점을 맞춤으로써 말이다. 예수는 이런 이유 때문에 엘리트들이 주목하는 인물이 되었을 것이다. 조세 저항자들에게 해당하는 처벌은 십자가 처형이었다. 예수는 빚과 굶주림, 뒤집힌 정의에 초점을 맞춤으로써 부자와 가난한 자들의 근본적인 힘의 차이와 농민들(농부, 어부, 노동자)의 위태로운 생계를 구체적인 방식으로 고지했다. 만약 하나님의 사랑, 정의, 자비가 갈릴리와 유대 농민들의 삶의 상황에 대해 말하는 것이라면, 마땅히 이런 투쟁을 고지해야 했다.

나사렛 예수와 가말라의 유다

요세푸스에 따르면, 기원전 6년 유대 지역이 로마의 한 지방으로 편입되었을 때 시행되었던 로마 제국의 세금 정책은 극심한 저항에 부딪혔다. (갈릴리 호수 동쪽에 있는 현재의 골란고원인 가울라니티스에 살았던) 가말라의 유다와 바리새인이었던 사독(Zaddok)이라는 사람이 하나님 외에는 그 어떤 신도 없고 로마에 세금을 납부하는 것은 복종을 의미하는 것이라고 주장하면서 무장봉기할 것을 촉구했다.

> 가말라라는 도시에서 온 가울라니티스 사람인 어떤 유다가 바리새인
> 인 사독에게 도움을 요청하여 반란을 일으켰다. 그들은 이번 평가(사
> 정)가 완전히 노예와 같은 지위를 가지고 이루어졌다고 말하면서, 그
> 민족에게 독립을 위해 참여해달라고 호소했다(Josephus, *Ant.* 18.4).

> 제4철학과 관련해서 갈릴리 사람 유다가 스스로 그 철학의 지도자가
> 되었다. 이 학파는 그들이 획득하기가 거의 불가능한 자유에 대한 열
> 정을 가졌음을 제외하고는 다른 모든 점에서 바리새파의 견해와 일치
> 한다. 그들이 자유를 획득할 수 없음은 자유에 대한 그들의 열정이 하
> 나님만이 자신들의 유일한 지도자이고 주인이라는 그들의 확신에서
> 비롯되었기 때문이다(Josephus, *Ant.* 18.23).

예수가 "열심당"이었다거나 무장 반란을 일으킨 자였다는 이런 논제는 브랜든(S. G. F. Brandon)이 한 세대 전에 제기했던 것으로 모턴

스미스(Morton Smith)와 리처드 호슬리(Richard Horsley) 그리고 다른 학자들이 계속해서 다루고 있다. 유다와 예수의 시간적·거리적 가까움과 그들의 메시지의 유사성은 놀라울 정도다. 인구 조사가 행해졌을 때, 예수는 10살 정도였을 것이고 가말라에서 40km 정도 떨어진 곳에서 살았다. 나아가 예수는 활동 기간 대부분을 갈릴리 호수의 주변에서 보냈다. 가버나움은 가말라에서 눈으로 볼 수 있는 곳에 위치했으며, 마찬가지로 가말라에서도 가버나움을 볼 수 있었다.

나사렛 예수의 핵심적인 메시지가 (관례적 번역인) "하나님 나라"였다는 것은 그와 관련해 가장 확고하게 받아들여지는 역사적 사실 중 하나다. 이 용어의 의미는 오랫동안 폭넓게 논의되었지만, 유다와 사독의 메시지의 유사성은 눈에 띄지 않았다. 누가복음 11:3[Q1]에서처럼 나사렛 예수는 빚에 대해 똑같은 관심을 보였다. 매우 이른 예수 전승들에 대한 탐구는 이것이 당시에 만연했던 관심사였음을 입증해준다. 우리는 이것을 논하기 전에 로마 갈릴리의 조세 체계에 대해 몇 가지 언급할 필요가 있다.

로마 갈릴리의 조세 체계

비록 우리가 가진 근거가 직접적이기보다는 간접적일지라도, 이번 장에서 나는 결국 로마 갈릴리의 피보호자에게 적용되는 조세 체계가 촌락 수준에서 매우 부담스럽고 분개할 만한 것이었다고 주장할 것이다. 갈릴리 사람 유다의 반조세 정서는 유대 작가 요세푸스의 주목을 끌었다. 또한 요세푸스는 나사렛 예수를 언급했지만 조세와 관련해서는 언급하지 않았다. E. P. 샌더스(E. P. Sanders)처럼 누군가는 로마의 피후견인이었던 헤롯 안티파스의 통치 아래서 조세 문제가 없었다고 주장할 수 있다. 샌더스는 안티파스는 "유능한 사분봉왕"이었고 당시 세금은 "과도하지 않았다"고까지 주장했다.[5]

이번 장에서 주장하는 바는 명백하게 초기 로마 팔레스타인의 세금의 영향에 대한 이해에 달려 있다. 세금의 영향은 미미하고 사회적으로 별로 위험하지 않은 것이었을까? 아니면 저항의 대상이 될 정도로 부담이 되는 것이었을까? 학자들은 몇 가지 기본적인 접근을 시도했다. 그들은 작성된 세금 목록과 요세푸스의 글에 나오는 세금에 관해 조사했다. 이것이 샌더스 이전의 연구자였던 파비안 우도(Fabian E. Udoh)가 시도한 접근이다. 우도는 초기 로마 시기(특히 폼페이우스, 율리우스 카이사르, 헤롯 그리고 유대 성전 시대)의 세금에 대한 "근거"를 조사한 후에 다음과 같이 주장한다.

요세푸스가 헤롯의 후계자들이 취할 것으로 예상되는 수입이라고 제시한 수치는 정확하지 않다. 또한 그 수입이 어떻게 분배되었는지도 명확하지 않다. 예를 들어 직접세와 간접세처럼 말이다. 그 결과 요세푸스가 헤롯 안티파스의 연간 수입에 대해 제시한 총액에도 불구하고, 우리는 그가 어떻게 수입을 올렸고, 갈릴리 유대인들이 기원전 4년부터 기원후 39년까지 헤롯이 부과했던 세금에 어떤 영향을 받았

---

5   Sanders, *The Historical Fifure of Jesus*, 21.

는지에 대해 여전히 규명할 수 없다. 지방 행정장관(praefecti) 통치 시기 세금에 관해서는 말할 것이 거의 없다.[6]

우도는 헤롯 안티파스의 아버지인 헤롯 대왕이 "유대 국가에 온갖 기회를 제공하고", "경제적 번영"을 이루었다고 확신했다. 나아가 그는 "헤롯의 세금은 일반적으로 생각하는 것만큼 그렇게 그의 왕국에 파괴적이지 않았다"고 확신했다.[7] 우도는 이 점과 관련해 샌더스의 일반적인 노선을 따른다. 그는 조세 수준과 경제적 요인들이 초기 로마 팔레스타인의 정치적 발전을 설명하지 못한다고 결론지으며, 정치적 발전에 대한 설명은 애매하게 제시된 이념적이며 정치적인 요인들에 맡겨진다.

조세에 대한 프레더릭 그랜트(Frederick C. Grant)의 보다 오래된 접근은 여전히 영향력이 있다. 그랜트는 로마 팔레스타인에 70년까지 존재했던 두 개의 경쟁적인 조세 체계—제국이 부과하는 세금과 성전이 부과하는 세금—에 주목했다. 이것들은 어느 정도 독립적으로 작동되었기 때문에, 그랜트는 그 세금들이 가져다주는 순수 영향(net effect[세금에 따른 부가적인 영향이 아닌 세금 자체가 가져다주는 영향])만으로도 부담스러운 짐이 된다고 보았다.[8]

이런 접근들은 비교사회과학의 결과들을 포함하지 않는다. 최근 렌스키(Lenski)와 카우츠키(Kautsky), 죄베르그(Sjøberg)의 연구들

---

6   Udoh, "Tribute and Taxes in Early Roman Palestine," 335.
7   앞의 논문, 336.
8   Grant, *Economic Background of the Gospels*.

은 농경 사회 세금의 사회적 영향을 재고하는 데 매우 큰 영향력을 끼쳤다. 세금 목록들이 농경 사회 세금의 사회적 역학 관계를 자세하게 설명해줄 수는 없고, 경쟁 관계에 있는 사회 집단이 이에 대한 진실에 더 가깝게 나아가도록 해준다. 나는 박사학위 논문에서 강제 징수가 농민의 생계에 어떤 영향을 끼치는지에 대한 에릭 울프(Eric Wolf)의 개념들과 더불어 사회 변두리에서 살아가는 경작자를 살펴보기 위해 그와 같은 비교 연구적인 견해들을 이용했다. 생계와 소비를 위한 필요들이 로마 팔레스타인에서 위험한 상태에 처해 있었고, 빈번하게 일어나는 반란들(기원전 4년, 기원후 6년, 66년)과 강도떼들의 출현이 이런 사실을 뒷받침해준다. 그러나 세금 목록과 (파벌들의) 경쟁 체계는 농경 사회 조세 체계에 대한 긍정적인 피드백에 도움을 주지 못한다(긍정적 피드백과 부정적 피드백은 시스템 이론에서 가져온 용어다. 긍정적 피드백은 증폭되고, 부정적 피드백은 감쇄된다). 그런 조세 체계는 경작자를 보호하기 위한 견제 장치와 균형 장치를 갖고 있지 않다.

　방법론적으로, 간단한 모델이 제시될 수 있다.

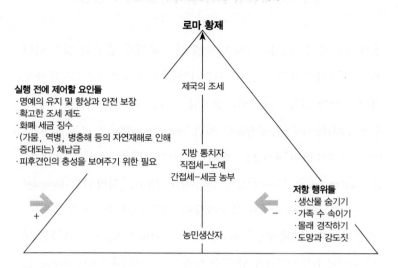

그림 4.1: 로마 팔레스타인의 조세 체계

로마 황제

제국의 조세

실행 전에 제어할 요인들
· 명예의 유지 및 향상과 안전 보장
· 확고한 조세 제도
· 화폐 세금 징수
· (가뭄, 역병, 병충해 등의 자연재해로 인해
  증대되는) 체납금
· 피후견인의 충성을 보여주기 위한 필요

지방 통치자
직접세-노예
간접세-세금 농부

저항 행위들
· 생산물 숨기기
· 가족 수 속이기
· 몰래 경작하기
· 도망과 강도짓

농민생산자

그림에 대한 간단한 설명

지방 엘리트들(예를 들어 헤롯 가문의 통치자들)은 피후견인으로서의 충성을 입증할 뿐만 아니라 농산물에 대한 제국의 요구도 충족시켜야만 했다. 후견인(patron)-피후견인(client) 관계(아우구스투스-헤롯 대왕)는 상당한 세금 부담을 지는 것이다. 노예에게 부과된 직접세(*oikonomoi*)와 세금징수 도급제를 통해 징수되는 간접세(*telōnai*)가 있다. Q의 전승자들이 촌락 서기들(*kōmogrammateis*)이라는 것은 가능성에 불과하지만, 그들과 세금을 징수하는 사회 계층의 연관성은 그런 분위기를 깊게 반영한다.

초기 로마 제국의 세금은 고정되었고 제국의 은으로 부과되었다. 이것들은 농경 사회를 토대로 받아내는 것이었기 때문에 현물에서 화폐(예를 들어 동전)로 "바꾸어야" 했다. 고정되거나 변하지 않는 세금은 자연환경에 의해 변동되는 농산물의 양을 전혀 고려하지 않았다. 체납 혹은 세금 부채는 왕실과 제국의 기록물 보관소에 보관된 문서에 기록되었다.

농민들은 일반적인 저항 수단들을 많이 갖고 있었지만, 이런 것 중 그 어떤 것도 제도적인 문제들을 해결하지 못했다. 농민들의 지긋지긋한 지역주의와 엘리트 집단이 갖고 있는 고도로 체계화된 폭력 수단들 때문에 반란은 거의 일어나지 않았다. 당연히 기원후 66-70년에 일어난 유대 반란은 조세 해결책들이 수반되었다.

예수와 "세금징수원과 죄인들"의 연관성

초기 공관복음 자료들 안에 나사렛 예수에 대한 중요한 정보 하나
가 있는데 예수와 "세금징수원과 죄인들"(Q의 두 개의 층 모두와 마가)
의 연관성이 그것이다. "세금징수원"이라는 단어(*telōnēs*)는 마태 특
수자료(M)와 누가 특수자료(L)에만 나온다(마 10:3; 눅 3;12; 7:29[Q?];
18:10, 11, 13; 19:2["세리장"]). 한편 그 단어는 다른 단어들, 즉 "죄인
들"(*hamartōloi*, 눅 7:34[Q2]; 막 2:15; 눅 15:2[L]), "이방인들"(*ethnikoi*,
눅 6:34[Q]; 마 5:46-47[Q]; 마 18:17[M]; 그리고 Q1: 눅 6:34과 마 5:46-
47[Q]을 보라), "매춘부들"(*pornai*, 마 21:31-32[M]) 또는 "간음하는 자
들"(*moichoi*, 눅18:11[L])과 한 쌍을 이룬다. 존 도나휴(John Donahue)는
다음과 같이 요약한다. "이 단어는 공관복음서 외에는 결코 나오지
않고, 공관복음서에서도 오직 예루살렘에 입성하기 전 예수의 사역
에서만, 그것도 대개 논쟁 이야기의 틀 안에서 나타난다. 자료비평
적 관점에서 볼 때, '통행료 징수원과 죄인들'은 마가복음과 Q 안에
서 한 쌍의 구로 나타난다."[9]

비록 이런 연관성이 "문학적 장치" 혹은 적대자들이 행한 욕설
로 평가될 수 있지만, 당혹감의 기준(criterion of embarrassment)으로 볼
때, 두 견해 모두 거부될 것이다(초기 전승자들이 왜 이 자료를 창안하거
나 보존했는지 상상하기 어렵다는 점 때문이다).[10] Q1의 삶의 자리가 "지

---

9   Donahue, "Tax Collectors and Sinners," 55.
10   세금징수원(*telōnēs*)이 욕설 용어라는 것에 관해서는 MacMullen, *Roman Social
     Relations*, AppendixB, "The Lexicon of Snobbery"를 보라. 복음서 역사비평의 표준

혜"와 관련된다고 주장하는 클로펜보그의 탐구는 이 정보를 긍정적인 역사 자료로 보게 하는 중요한 근거들을 제공한다.

> 만약 어떤 사람이 말씀 복음을 지금의 형태로 만들 수 있는 사람이 누구인지 묻는다면, 촌락과 소도시의 공증인(notaries)과 서기들이라고 답할 수 있다.…다양한 서기와 다양한 교육 수준이 소도시와 촌락들에 존재했고, 그중 일부는 지방 행정 기관에서 일하고 다른 사람들은 프리랜서 전문가로 활동했다는 사실을 보여주는 충분한 증거들이 이집트에서 발견된 자료들에 나온다. 촌락 서기(*kōmogrammateus*)는 세금과 인구 조사 문제와 관련된다.[11]

이런 통찰이 제공되긴 했지만, 그렇더라도 아직은 이런 연관성의 정치적인 의미를 탐구하지는 못했다. 클로펜보그의 최근 Q 연구에 대한 논의에서 알 수 있는 것처럼 이 자료에 대한 대부분의 해석은 그들이 제기한 철학적 또는 종교적 관심사들과 관련된 가정들에 의존한다.[12] 앞으로 기술할 주석에서는 매우 다른 방향에서 그 의미를 탐

적인 기준 중 하나인 "당혹감의 기준"은 전승에 일부 당혹스러운 세부 사항들이 나온다면 그것은 창안되거나 후에 삽입되었을 가능성이 매우 낮다고 주장한다. 예를 들어 예수의 십자가 처형은 그것이 가장 수치스러운 죽음이었다는 점에서 창안되었을 가능성이 낮다. 가장 초기의 신약성서의 증인인 바울은 갈 3:13과 고전 1:18, 27 그리고 다른 곳에서 십자가 처형은 명예-수치 문화 관점에서 매우 수치스러운 일임을 증언한다.

11   Kloppenborg, *Excavating* Q, 200-201.
12   앞의 책, 166-213. Kloppenborg와 Piper는 보다 사회적인 방향으로 논의를 진전시킨다.

구한다. 예수가 어떤 점에서 촌락 서기들과 "세금징수원들" 그리고 "죄인들"과 관련되는지를 중점적으로 다루는 것이다.

예수는 갈릴리에서 로마 제국의 세금 체계의 전복을 촉진했고, 이를 통해 빚진 자들("죄인들")의 상황을 완화하려 했다. 이런 세금 체계의 전복은 세금 회피와 세금 기록의 훼손이라는 두 가지 측면에서 작용했을 것이다.

Q의 가장 초기 교정본: 세금징수원들이 들었던 말씀

이제부터 진술되는 Q 자료에 관한 선별적인 주석은 클로펜보그의 Q1 층에 제한되는데, 이 중 일부는 Q의 새로운 비평 본문과 일치시키기 위해 제외한다.[13] 그리고 마지막 부분에서 다른 초기 예수 전승들에서 "공명"되는 것들도 언급된다.

내가 주장해왔던 것처럼 Q1은 티베리아스의 기록물 보관소와 관련이 있는 갈릴리 호수 주변의 서기 집단이 예수가 활동할 당시에 산출했고, 그 후 아그리파 2세(Agrippa II, 약 54년) 통치 시기에 세포리스로 다시 옮겨졌다. 따라서 Q2는 성전과 바리새인들에게 적대적

---

13 이어지는 극히 적은 분량의 주석은 *The Formation of Q*, Appendix 2에 있는 분석 즉 Q1에 대한 Kloppenborg의 분석에 의존한다. 번역들은 대개 누가복음의 그리스어 본문에 비추어 약간 수정된 NRSV 본문이다. 또한 누가복음 본문은 대개 Robinson, Hoffmann 그리고 Kloppenborg, eds. *Critical Edition of Q*에서 재구성된 Q와 대조하여 좀 더 다듬은 것이다. 기본적인 절차는 누가복음의 위치에 따라 Q를 인용하는 것이다(몇 가지 예외적인 것은 마태복음을 따른다).

인 서기들의 예언적이고 신명기적인 관심사들을 포함하는 Q의 "유대인 교정본"에 해당한다.[14] Q1은 유대 사회의 쟁점들과는 거리가 멀고 대신 헤롯 안티파스 통치 시기의 정치적 상황과 보다 직접적으로 관련이 있다.

초기 Q의 첫 번째 강화: 해방하는 통치권으로서의 하나님의 보호

초기 Q의 첫 번째 말씀 수집물은 하나님의 통치권(eminent domain)의 정서와 관대함(largesse)을 반영한다. 유월절 묵상에 뿌리를 두고 있고, 어쩌면 모세의 경우(출 2:11-12)를 염두에 둔 이 말씀들은 더욱 고차원적인 해방의 목적을 지닌 지혜를 반복적으로 주입한다.

누가복음 6:20b-23

너희 가난한 자는 얼마나 영예로운지, 하나님 나라가 너희의 것이기 때문이다.

너희 굶주리는 자는 얼마나 영예로운지, 너희가 배부를 것이기 때문이다.

너희 우는 자는 얼마나 영예로운지, 너희가 웃을 것이기 때문이다.

인자로 말미암아 사람들이 너희를 미워하고, 멀리하며, 욕하고, 헐뜯

---

14   앞의 책, 43-55.

을 때 너희가 얼마나 영예로운지,

그날에 기뻐하고 뛰놀라! 그들의 조상들이 예언자들에게도 이와 같

이 행했기 때문이다.

나는 이미 다른 곳에서 이런 단어들이 1세기 유월절 하가다의 어떤
형태를 함축한다고 주장한 바 있다.[15] 따라서 이 단어들은 가장 초기
의 예수 자료가 처음부터 모세 유형 안에 있는 해방에 관심을 기울
이고 있음을 보여준다. 또한 이것은 그것들이 나사렛 예수와 가말라
의 유다가 관련되어 있음을 입증한다.

누가복음 6:27-28

너희 원수를 사랑하며,

너희를 미워하는 자들을 선대하며,

너희를 저주하는 자를 위하여 축복하며, 너희를 모욕하는 자들을 위

해 기도하라.

---

15   이에 대한 가장 자세한 내용이 Oakman, "Models and Archaeology in the Social
      Interpretation of Jesus," 128-31에 나온다. 처음 두 개의 말씀은 도마복음 54와 69b
      에 따로따로 나오고, 세 번째 말씀은 도마복음에 나오지 않는다. Q 전승자들이 그
      말씀들을 결합했다고 주장할 수 있지만, 그것들은 원래 문맥의 의미에 훨씬 더 가
      깝다. 따라서 내가 보기에는 이스라엘 전승과 가말라의 유다에 의해 제공된 의미의
      영역이 현저하게 나타난다. 분명한 것은 도마복음 전승자들이 시리아에 있든 이집
      트에 있든 그것을 유월절과 연결하는 것에는 관심이 없었다는 사실이다.

초기 Q는 시작하자마자 "원수에 대한 사랑"의 주제를 취하며, 이에 대한 4개의 진술이 연속해서 나온다. 이런 진술들은 세금징수원이 나타날 때 발생할 수 있는 심각한 대립 관계를 보여준다. "모욕"에 관해서는 베드로전서 3:16과 요세푸스 『유대 고대사』 16.60, 170을 참조하라. 요세푸스의 이 구절을 보면, 키레네의 유대인들이 마르쿠스 아그리파(Marcus Agrippa)에게 "그들이 어떤 정보원들에게 모욕당하고 있고, 내야 할 의무도 없는 세금을 부당하게 요구당함으로써 그것들을 보내는 데 방해를 받고 있다"고 불평하는 내용이 나온다.

누가복음 6:29-30

만약 어떤 사람이 너의 이 뺨을 치면 다른 편 뺨도 돌려주며,
어떤 사람이 네 겉옷을 가져가면 네 속옷도 거절하지 말라.
너에게 구하는 모든 사람에게 주고, 만약 어떤 사람이 네 것을 가져
간다면 그들에게 되돌려달라고 하지 말라.

뺨을 맞고 수치를 당한 일에 대해 보복하지 않고, 겉옷과 속옷 모두 가져가는 것을 허락하는 것은 세금징수원과 납세자의 꽤 다른 일련의 관계를 보여준다. 이제 더 이상 갈릴리의 왕(Crown)의 이름으로 물건들을 빼앗기지 않고, 대신 이제부터 하나님의 통치권의 이름으로 재화들이 재분배된다.

마태복음 5:41[아마도 Q]

만약 어떤 사람이 너에게 오 리를 가도록 강요하면, 십 리를 가라.

"강요하다"(*angareuo*)라는 중요한 단어가 나온다는 사실은 언급할 만한 가치가 있다. 이것은 로마 제국 동부에서 일반적으로 사용된 단어로서(Josephus, *Ant.* 13:52와 이집트 파피루스에서 볼 수 있는 것처럼 그리스 시대로 그 기원이 거슬러 올라간다) 왕이 강요한 봉사를 의미했다. 이런 강요는 실제로 노동 세금의 한 형태다. 두 배의 봉사는 하나님의 통치권에 대한 하나의 행위를 비유한 것이다.

누가복음 6:31

다른 사람들이 너에게 해주기를 바라는 대로 남들에게 하라.

여기서 "황금률"은 일반적인 윤리 규범이 아니라 로마 제국 조세가 갖고 있는 통상적인 역학 관계의 역전으로 진술된다. 즉 문맥 안에서 볼 때, 예수의 말은 보다 제한적인 범위 안에서 로마 제국 조세의 통상적인 방향을 전복시키는 것을 촉구하는 것이다.

누가복음 6:32

만약 너희가 너희를 사랑하는 자들만 사랑한다면, 칭찬받을 것이 무엇이냐?

죄인들도 사랑하는 자들을 사랑하기 때문이다.

이 말씀의 해석은 "죄인들"(*hamartōloi*)의 의미에 의해 결정된다. 최대한 명확하게 말하자면, 이 단어는 대개 불결함과 윤리적 위반으로 인해 하나님과의 관계가 깨어진 사람들을 가리키는 것으로 이해되었다. 그러나 오래전에 매튜 블랙(Matthew Black)과 다른 학자들은 호바(*hôbâ*)라는 아람어 단어의 모호성을 언급하며 주의를 환기시켰다.[16] 호바인(*hôbayin*)이라는 아람어 단어를 번역한 것에서 알 수 있듯이 이 단어는 회수 불가능한 부채를 떠안고 있는 사람들의 상태를 나타내는 것이라 할 수 있다. 마태복음에 나오는 "세금징수원"은 확실히 편집된 것이다. 그러나 세금징수원 역시 빚을 지고 있었고 그래서 "죄인들"은 일반적으로 "빚진 자"를 가리키는 것으로 이해될 수 있었다. 이런 이해에서 볼 때, 이 말씀은 평범하기 이를 데 없는 인습적인 도덕을 강조하는 것이다. 부채를 떠안고 있는 사람들조차 균형 잡힌 상호주의 안에서 행동한다는 인습적인 윤리 말이다. 다시 말해서 치밀한 계산과 빚의 상환(균형 잡힌 상호주의)에는 "도덕적으로 칭찬할 만한 것"은 없지만, 하나님의 관점에서 볼 때 되돌려 받기

---

16   Black, *An Aramic Approach*, 140.

를 기대하지 않고 빌려주는 것은 도덕적으로 칭찬할 만한 일이라는 것이다. 하나님의 통치권은 빚과 세금의 용서와 어울리는 보다 급진적인 윤리를 요구할 것이다.

누가복음 6:34 [아마도 Q]

만약 너희가 받기를 바라고 사람들에게 빌려주면,
칭찬받을 것이 무엇이냐?
죄인들도 죄인들에게 빌려준다.
그만큼 돌려받기 위하여.

가정법으로 이루어진 "[만약] 너희가…빌려주면"이라는 문구는 돈을 빌려주는 것과 관련된 것으로 보인다. 이것은 엘리트의 환경에서 살아가는 누군가의 특권일 수 있거나 어쩌면 환전가(은행가, 주로 정치적으로 취약한 동전을 공인된 동전으로 바꾸어주는 역할을 하는 사람)의 특권일 수 있다. 환전이 보다 효과적으로 이루어지기 위한 개선책들이 진작되고 있었고, 이런 이유로 그것은 세금징수원의 영역이 될 수 있었다.

누가복음 6:36-(38)

자비로운 자가 되어라, 너희 아버지가 자비하신 것같이.
판단하지 말라,

그리하면 너희가 판단을 받지 않을 것이다.

정죄하지 말라,

그리하면 너희가 정죄를 받지 않을 것이다.

용서하라,

그리하면 너희가 용서를 받을 것이다.

주라,

그리하면 너희에게 줄 것이니.

너희가 헤아리는 것 때문에,

너희도 헤아림을 돌려받을 것이다.

특히 "자비"는 "판단하지 말라, 그리하면 너희가 판단을 받지 않을 것이다"로 실행된다. 재산관리인과 세금징수원이 채무자를 상대로 형을 집행하지 않는 것이 당연하다. 헤아림(measuring)에 대한 격언은 현물로 납부하는 세금의 틀 안에서 공명한다.

초기 Q의 두 번째 강화: 하나님의 통치권 활동

이른바 "선교 강화"는 거의 일반적으로 방랑하는 순회 설교자들이나 견유학파(cynic)와 유사한 예수 운동 선교사들에 대한 진술인 것처럼 논의되고 있다. 다시 말해서 이 말씀들의 수집물은 로마 제국 문화의 이념 선상에서 이해할 수 있는 종교적인 것 혹은 철학적인 것으로 취급되고 있다. 이 말씀들은 그것들이 예수의 조세-저항 활동(praxis)을 반영하는 것으로 이해될 때 꽤 다른 측면을 가정하게 한다. "뒤따름"에 대한 말씀들은 왕의 이름으로 행하는 운동들과 행위를 함축한다.

누가복음 9:58

여우도 굴이 있고,
공중의 새도 집이 있지만,
인자는 머리를 둘 곳이 없다.

이 말씀들은 큰 규모의 창고들을 갖고 있는 세포리스(Sepphoris, 아람어 ṣîpôrîn=새들)의 엘리트들의 삶을 반영하며, 재산관리인들과 세금징수원들에게 토지를 갖지 못한 평민(인자)에게 긍휼을 베풀어달라고 호소하는 것이다.[17]

---

17 왕좌의 경쟁자로서 "인자"에 대해서는 Oakman, "Rulers' Houses, Thieves, and Usurpers," 117을 보라; 세포리스에 대해서는 Oakman, "Models and Archaeology in the Social Interpretation of Jesus," 120을 보라. 예수는 헤롯을 "저 여우"라고 말한다(눅 13:31-33). 세포리스는 새를 의미하는 히브리어 단어에서 유래했다. 자연에서 가져온 이미지는 자연스럽게 정치적 지시 대상을 가진다. "공중의 새"는 촌락과 농산물을 통제하는 세포리스인들을 가리킨다. 엘리트들에 대한 이런 언급은 Arnold Toynbee가 처음으로 주목한 티베리우스 그라쿠스의 말(Plutarch, *Tiberius Gracchus* 9.1)을 고려할 때 지지를 받는다(Brown, "Prometheus, the Servant of Yahweh, Jesus," 113).

누가복음 9:59-60

그가 다른 사람에게 말했다. "나를 따르라."

그러나 그가 말했다. "주여, 내가 먼저 가서 내 아버지를 장사하게 하소서."

그러나 예수가 그에게 말했다. "죽은 자들에게 자기의 죽은 자들을 장사하게 하고, 너는 가서 하나님 나라를 전파하라."

이것은 과장법 중 하나이지만, 왕의 강요로 인해 발생한 사회적 붕괴를 반영한다. 문자적이든 비유적이든 엘리트 계층의 통치자들을 의미하는 "죽은 자들"은 스스로 자신들을 돌보겠지만, 그럴지라도 세금 감면의 필요가 절실하다. 예수의 다른 말씀들처럼 이것은 그의 "제자도"를 문자적으로 진술하는 것이 아니라 그의 사회적 상황을 비꼬는 것이다(눅 19:26[Q2] 참조).[18]

누가복음 10:2

추수할 것은 많지만

일꾼은 적다.

그러므로 추수하는 주인에게 요청하라.

---

18 유대인의 장사 관습에는 긴 기다림의 시간을 포함하는데, 이는 2차 매장을 위해 살이 썩은 후 그 유골을 다른 유가족에게 옮겨 1년 동안 그들과 함께하도록 했기 때문이다. McCane, "Let the Dead Bury Their Own Dead," 31-43을 보라.

추수할 일꾼을 보내주라고.

역설적인 내용이 계속해서 나온다. "일꾼"과 "주인"은 종교적인 일을 하는 하나님의 선교사를 언급하는 것이 아니라 세금징수원과 왕에 대한 관례적인 표현이다. 이 진술은 역설적이다. 예수와 그의 청중은 일꾼들이 이제 더 많은 수확물을 촌락에 남기며 왕이 마땅히 받아야 할 것을 빼앗기게 하는 하나님의 지배 아래서 일하고 있음을 알고 있기 때문이다.

누가복음 10:3

> 너희의 길을 가라.
> 보라, 내가 너희를 보내는 것이
> 양들을 이리들 가운데로 보내는 것과 같다.

이 말씀에서는 예상된 이미지(납세자는 이리들에게 약탈당하는 양들이다)가 뒤바뀌어 나오는데, 여기서 위험에 처해 있는 사람들은 예수의 대의와 실천을 지지하는 세금징수원들이다.

누가복음 10:4[그리고, 마 10:10]

> 전대나 가방이나 신발을 [또한 지팡이를] 가지고 다니지 말고,

길에서 아무에게도 인사하지 말라.

세금징수원들이 자신들에게 부여된 공식적인 역할을 수행하기 위해 여행할 때 이런 방식으로 했을까? 여기서 지팡이는 세금징수원들과 관련된다. 또한 이 본문은 유월절 예식을 함축하는 것으로서 (*Ezek. Trag.* 181-184을 보라) 이스라엘인들이 이집트를 떠나는 것과 같은 방식을 통해 그 활동이 자유롭다는 것을 상기시킨다. 세금징수원들은 출애굽을 상징하는 일을 통해서, 즉 로마 제국을 위해 감당해야 할 그들의 역할에서 벗어나는 것을 통해서 그들에게 관례적으로 요구되는 일들을 포기한다.

누가복음 10:5-6

너희가 어느 집에 들어가든지 먼저 말하라.
"이 집에 평화가!"
만약 너희의 평화를 공유할 누군가가 있으면,
너희의 평화가 그에게 머물 것이고,
만약 그렇지 않으면,
그것이 너희에게 돌아올 것이다.

"집으로 들어가는 것"은 세금징수원이 관례적으로 행하는 침입으로 보인다. "들어가다"(*eperchomai*와 *epeiserchomai*)라는 동사의 형태는 이집트 파피루스에서 세금징수원이 강제로 쳐들어가는 것과 관련되어 나타난다. 탈무드도 이것과 관련하여 규칙적으로 "집으로 들어가는 것"이라는 구절을 사용한다.[19] 평화의 인사는 관례적인 행위(철저하게 의도된 역설)를 반영할 수도 있지만, 이 문맥에서는 하나님의 위대한 통치에 수반되는 놀라운 일을 전복적으로 제안한다. 집주인은 세금 포탈로 처벌받을 수 있는 위험을 감수하고 싶지 않아서 "평화"를 받아들이지 않을 수도 있는데, 이것은 아마도 세금징수원에게 일반적으로 주어진 강압적인 역할을 수행해야 함을 의미한다.

누가복음 10:7-8

그 집에 머물면서
그들이 제공하는 것을 먹고 마셔라.
일꾼이 삯을 받는 것이 마땅하기 때문이다.
이 집에서 저 집으로 옮기지 말라.
어느 마을에 들어가든지
그 사람들이 너희를 영접하거든,
너희 앞에 차려 놓은 것을 먹으라.

그러나 만약 사절을 영접해 음식을 제공하고, 세금과 빚을 면제한다면(하나님의 보호), 추가적인 강제 징수를 요구하거나 받아들여서는

---

19   Donahue, "Tax Collectors and Sinners," 50에 있는 목록들을 보라. 이 목록의 내용들은 *m. Tehar.* 7:6과 *m. Hag.* 3:6에서 가져온 것들이다.

안 된다(눅 3:13을 보라). 인습적인 속담은 이런 방식들을 지지한다(눅 10:7).

누가복음 10:9

거기에 있는 병자들을 치유하고 그들에게 말하라.
"하나님의 나라가 너희에게 가까이 왔다."

"일꾼"이 세금징수원들에 대한 은유인 것처럼 세금징수원들은 은유적으로 "의사"이기도 하다. 그들은 세금 부담과 생계의 어려움을 완화해주는 것을 통해 치유한다. 따라서 그들의 "의료 행위"는 하나님의 위대한 통치의 표현이다(눅 10:9).

초기 Q의 세 번째 강화: 하나님의 보호와 빚 면제

누가복음 11:2-4

너희가 기도할 때 이렇게 말하라.
아버지,
당신의 이름이 거룩하게 되시며,
당신의 나라가 오게 하소서.
우리에게 오늘 우리의 일용할 빵을 주시고,

우리를 우리의 빚에서 용서해주소서.

우리가 우리에게 빚진 모든 사람을 용서해준 것처럼,

또한 우리를 시련의 시간으로 옮기지 마소서.

제3장에서 이미 예수의 기도에 관련된 결론들이 제시되었다. 그러나 그것들은 이것과 관련해서 약간 수정된다. 아마도 이번 장에서 다루는 논제를 위해 제시할 수 있는 가장 설득력 있는 근거가 누가복음 11:3[Q]에 나온다고 할 수 있다. 현재 이 청원은 다른 방식들로 공명되고 있다.

우리(세금징수원들)를 빚에서 면제해주소서.

우리가 우리에게 빚진 사람들(세금을 빚지고 있는 사람들)을 면제해준 것처럼.

누가 세금을 징수했을까? 그 사람들이 스스로 이 일을 했을까? 직접 세는 책임을 맡은 지방 엘리트들의 노예들이나 대리인들이 거두었다. 세금(예를 들어 통행료)은 분명히 "자유민들"이 거두었지만, 이 사람들은 그만큼 빚을 졌다(이는 납세자들을 위한 보증금 때문이다. 납세자들이 세금을 납부할 수 없는 상황에서 세금징수원들이 보증인의 형태로 대신 납부해주었다—역주). 우리는 이 사실을 초기 로마 팔레스타인에서 활동했던 유명한 세금징수원 세 명, 곧 카이사레아의 요안네스(John of Gaesarea), 기스칼라의 요안네스(John of Gischala), 바르 마얀(Bar Mayan)에 대한 자료를 통해 알 수 있다. 우리는 그것과 비교해볼 수 있는 홍

미로운 자료를 폼페이에서 발견했다. 그것은 다음과 같다.

첫해 지방세인 1,652세스테르티우스(고대 로마의 화폐 단위로 1/4데
나리온에 해당한다 — 역주)를 영수했다는 것에 대한 베네리아 코르넬
리아(Veneria Cornelia)의 식민지의 공공 노예인 프리바투스(Privatus)
의 자필 증서(Holograph).…이로써 식민지의 노예인 나 프리바투스는
내가 루키우스 카실리우스 유쿤두스(Lucius Caecilius Jucundus)로부
터 첫해의 잔액에서 과세된 지방세를 위한 금액인 1,652세스테르티우
스를 영수했음을 서면으로 선언한다.[20]

지방세는 유쿤두스가 거두어 들였는데, 그는 세금을 위한 담보물을
제공하고 그 세금을 분할 납부한다. 세금 징수는 노예인 프리바투스
에 의해 이루어진다. 로마 제국의 세금 징수 채계의 역할들은 다양
한 형태로 강요당하는 사람들이 차지한다.

누가복음 11:9-10

구하라, 그러면 그것이 너희에게 주어질 것이다.
찾으라,
그러면 너희가 찾을 것이다.

---

20 *CIL* 4: 3,340, cxli. 이것은 Lewis & Reinhold, eds., *Roman Civilization*, 333에서 인
용되었다.

두드리라, 그러면 그 문이 너희를 위해 열릴 것이다.

구하는 이마다 받을 것이요,

찾는 이마다 찾을 것이요,

두드리는 자에게 그 문이 열릴 것이다.

"구하는 것"과 "찾는 것" 그리고 "두드리는 것"은 세금 상황에 대한 현장의 평가와 관련된 행위들이다.

누가복음 11:11-13 [그리고 마 7:11]

너희 중에 누가

자식이 생선을 달라고 하는데

생선 대신 뱀을 주겠느냐?

혹은 자식이 알을 요구하는데

전갈을 주겠느냐?

만약 너희가 악한 사람일지라도

자식에게 좋은 선물을 준다는 것을 안다면,

하늘에 계신 아버지가 얼마나 많이 주겠느냐!

구하는 자들에게 [좋은 것]을

이런 수사학적인 질문들은 촌락 납세자들의 필요 상황을 알려준다. 그들은 문서로 된 세금 영수증이나 돈이 필요하지 않고, 실제로 소비할 수 있는 것들이 필요하다. 이전 작품에서 주장한 것처럼 농민

들은 동전을 먹을 수는 없고, 다만 실제 상품들을 구한다.[21]

초기 Q의 네 번째 강화: 두려움 없는 행동과 밀고의 위험

로스토프체프(Rostovtzeff)는 헬레니즘 시대에 왕실 적대자들(탈세자들 포함)을 고발하는 일의 빈도에 관해 다음과 같이 언급한다.

> [집회서에서 프톨레마이오스 2세 통치 시기에] 프톨레마이오스의 첩자들은 공중의 나는 새가 비밀스럽게 왕을 저주한 사람의 목소리를 전달할 정도로 어디에나 있었는데, 재정적이며 정치적인 측면 (mēnutai)에서 모두 그렇게 존재했다.[22]

동일한 현상이 밀고(delatio, 정치 범죄에 관해 당국에 알리는 행위)현상과 함께 로마 시대에도 계속해서 나타났다. (헤롯 왕가나 로마 제국의 특권을 침해하는 하나님의 위대한 통치의 내용을 가진) 이어지는 Q 말씀들에는 다시 역설이 나타난다.

---

21   Oakman, *Jesus and the Peasant*, 7장: "Money in the Moral Universe of the New Testament."
22   Rostovtzeff, *SEHHW*, 350.

누가복음 12:2-3

감추인 것이 드러나지 않을 것이 없고,
숨겨진 것이 알려지지 않을 것이 없다.

그 어떤 것도 비밀로 남아 있을 수 없다. 세금 징수와 관련해서 모든 세금 기록, 곧 누가 지불했는지, 누가 지불하지 않았는지, 누가 몰수로 인해 학대를 당했는지가 공개될 것이다.

누가복음 12:4-5

내가 나의 친구들인 너희에게 말한다.
몸을 죽이는 자들은 두려워하지 말라,
그들은 더는 아무것도 할 수 없는 자들이다.
그러나 내가 너희에게 두려워할 이를 보여줄 것이다.
두려워하라. 죽인 후에 지옥[Gehenna]에 던져넣을 권세를 가진 자를.
진실로 내가 너희에게 말한다. 그를 두려워하라!

그래서 두려워할 필요가 없다. 권세자들은 개인의 신체를 통제할 힘만 갖고 있을 뿐 저항 운동이 갖는 힘을 갖고 있지 않다.

누가복음 12:6-7

참새 다섯 마리가 두 개의 동전(cooper coin)에 팔리는 것이 아니냐?
그러나 그중 하나도 하나님의 시야에서 사라지지 않는다.

아무것도 군주 모르게 시장에 팔리지 않는다. 모든 것에는 세금이
부과된다! 하나님의 주시와 계산은 조세 체계보다 더 엄격하다.

누가복음 12:11-12

사람들이 너희를
회당과 통치자들과 권세 있는 자들 앞에 끌고 갈 때에,
너희가 어떻게 자신을 방어할지 염려하지 말라.
혹은 무슨 말을 할지
왜냐하면 그때 성령이 가르칠 것이기 때문이다.
너희가 마땅히 말해야 할 바를

여기서 회당은 공개적인 모임과 조사 장소다. 타리카이아이
(Tarichaeae)에 있는 전차 경주장(hippodrome)은 티베리아스의 치안 판
사장인 사피아스(Sapphias)의 아들 예수가 요세푸스를 반역죄로 기
소할 때 유사한 기능을 했다(Josephus, *Life* 132). 요세푸스는 티베리아
스에 있는 경기장에서 열린 모임들을 고지한다(Josephus, *Life* 92, 331).

초기 Q의 다섯 번째 강화: 하나님의 보호와 생계에 대한 염려

생계 보장은 "가장 먼저 하나님의 위대한 통치를 추구하는 것"(눅 12:31[Q])과 관련된다. 이 책에서 다루는 주제와 관련된 관심들이 여기서 강조된다.

누가복음 12:24

까마귀를 생각하라.
그것들은 씨를 뿌리지도 않고 거두지도 않는다.
그것들은 창고도 없고 헛간도 없지만,
하나님은 그것들을 먹인다.
너희는 그 새들보다 얼마나 더 가치가 있는가!

창고 경제는 현재 나라 경제와 대조된다. 새들은 누가복음 12:6-7(왕실이나 제국의 과세 대상)과 9:58(알레고리적으로 세포리스의 엘리트들)에 나오는 그 새들을 생각하게 하지만, 여기서는 뿌려진 씨앗의 적들이다. 그것들은 하나님의 위대한 통치를 표현하는 왕으로부터 훔친다. 심지어 예수와 어울리는 사람들은 도둑질하는 까마귀보다 더 그 나라 제도의 덕을 본다. 조세 저항은 이익이다!

백합꽃이 어떻게 자라는지를 생각해보라.

그것들은 수고도 하지 않고 실을 잣지도 않는다.

그러나 내가 너희에게 말하는데 온갖 영광을 누리는 솔로몬도

이 꽃 하나 만큼 입지 못한다.

다시 "백합꽃"은 뿌려진 씨앗에 맞서 급증하는 잡초다.[23] 뿌려진 씨앗 가운데 잡초가 무성하게 자라는 것처럼 예수는 팔레스타인 왕실의 밀 가운데서 양귀비가 자라는 것을 통해 알레고리적으로 전복적인 조세 저항이 성공하는 것을 본다.

초기 Q의 여섯 번째 강화: 힘 있는 부자들이 하나님의 통치에 들어가는 것이 얼마나 어려운 일인지!

초기 Q는 예수가 힘 있는 부자들과 가족에게 관심을 보이는 자들을 위해 활동하는 것이 매우 어렵다는 사실을 강조하는 경고로 끝난다.

---

23   이전 작품에서 나는 잡초와 하나님 나라의 힘 사이의 유비로서 이들 식물의 이미지에 대해 논했다. Oakman, "Social Meaning and Rural Context"를 보라. 이것은 그런 생각의 새로운 적용이다.

누가복음 13:24

좁은 문으로 들어가기를 힘쓰라.

내가 너희에게 말하는데 들어가고자 해도 들어갈 수 없는 자들이 많기 때문이다.

좁은 문으로 들어가는 일은 어렵다. 이것은 예수의 활동이다. 여기에 특권적인 들어감을 제안해주는 왕궁의 이미지가 있는가? 마가복음 10:25은 이와 유사한 사실을 말한다. 마태복음은 지혜의 인습적인 두 가지 방식의 방향으로 이 말씀을 확장한다.

누가복음 14:26

내게 오는 자는 누구라도,

아버지와 어머니와

아내와 자식들과

형제와 자매들과

심지어 자기 목숨까지 미워하지 않으면,

내 제자가 될 수 없다.

(역설적으로 이해될 수 있는 것으로서) 가족 구성원을 미워한다는 것은 하나님의 위대한 통치를 위해 감행한 행동들이 가족 구성원을 위험에 빠트릴 수 있음을 함축한다. 마태복음 18:25 외에 필론이 이집트

의 세금징수원의 행위들에 대해 다음과 같이 말하는 이야기가 이런 함축적 의미를 말해준다.

> 최근에 한 사람이 우리 중에서 세금징수원에 임명되었다. 세금을 납부해야 할 사람 중 일부가 가난과 견딜 수 없는 처벌 때문에 도망갔을 때, 그는 도망한 사람들에게 알리거나 그들 대신 세금을 납부하도록 하기 위해 그들의 아내와 자녀들, 부모들 그리고 나머지 가족들을 강제로 소환하여 매질하고 모욕하며 온갖 방식의 분노를 퍼부었다.[24]

누가복음 14:27

> 누구든지 자기 십자가를 지고 나를 따르지 않는 자도
> 내 제자가 될 수 없다.

이 말씀은 전체 논쟁의 골자를 제공한다. 자신의 활동에서 비롯된 정치적 결과들에 대한 예수의 의식을 매우 분명하게 보여준다는 점에서 그렇다. 이 말씀은 도저히 (예수의 죽음에 대해서 거의 한마디도 하지 않는) Q 전승자들의 창안이라고는 생각할 수 없다. 따라서 이것이 만약 과장이라면, 예수를 따르는 것이 왜 가족과 자신의 신체적인 위험과 연관되는 걸까? 이 말씀의 문자 그대로의 의미가 예수가 한

---

24   Philo, *Spec. Laws* 2.19.92-94. Lewis & Reinhold, eds., *Roman Civilization*, 400에서 인용.

말의 바로 그 의미라는 것을 진지하게 받아들여야 한다. 다시 말해서 예수의 조세 저항 운동을 따르고 농민과 핍절한 사람들과 한편이되어 왕과 그의 엘리트들에 맞서는 것은 생명과 신체와 가족들을 실제적인 위험에 빠뜨리는 일이다.

누가복음 17:33

누구든지 자기 목숨을 얻고자 하는 자는 잃을 것이고,
잃는 자는 보존할 것이다.

Q 12:31을 상기해보라.

누가복음 14:34-35

소금은 좋은 것이다.
그러나 만약 소금이 그 용도를 잃어버리면
어떻게 그 소금의 정체성을 찾을 수 있겠는가?
땅에도 거름에도 쓸모가 없어
사람들이 그것을 버리고 만다.

이 마지막 이미지는 마당에 있는 화덕에서 가져온 것이다. 소금의 촉매 작용 없이는 불을 붙일 수 없다.[25] 이처럼 "화덕", 즉 하나님의 위대한 통치는 예수의 활동이라는 촉매제 없이는 점화되지 않을 것이다. 누가복음 12:28을 보라. 불의 이미지는 누가복음 3:9과 12:49(둘 모두 Q)에서 더 많이 취한다.

다른 초기 예수 자료들에서 유래한 근거

이런 해석들을 확증해주는 흥미로운 보강 증거들이 다른 초기 예수 자료들에서 발견된다. 여기서는 단지 몇 가지 경우만 살펴본다.

마태복음 18:34[M]

그의 주인이 노하여 그를 간수들에게 넘겨주었다.
그 빚을 다 갚을 때까지

여기서 엄청나게 많은 세금 부채를 탕감해주는 것은 주목할 만하다. 종들은 주인이 한 대로 따라 할 것으로 기대되었다.[26]

---

25   Pilch, *The Cultural Dictionary of the Bible*, 4-5.
26   2장에서 논의된 내용을 보라.

누가복음 16:1-8[Q2]

또한 그가 제자들에게 말하되, "어떤 부자에게 관리인이 있는데, 그가 주인의 재산을 낭비한다는 소문이 그에게 전해졌다. 그래서 주인이 그를 불러 말했다. '내가 너에 대해 들은 이 말이 어찌 된 일이냐? 네가 더는 나의 관리인이 될 수 없으니 네가 관리한 것들을 계산해서 나에게 주어라.' 그러자 그 관리인이 속으로 말했다. '내 주인이 내 직분을 빼앗으니 내가 무엇을 할 것인가? 나는 땅을 팔 힘도 없고, 빌어먹자니 부끄럽다. 내가 관리인 직분을 박탈당할 때, 사람들이 나를 그들 집으로 영접할 수 있도록 내가 해야 할 일이 무엇인지 결정했다.' 이에 주인에게 빚진 자들을 한 명 한 명 소환하여 가장 먼저 온 사람에게 물었다. '당신이 내 주인에게 진 빚이 얼마인가?' 그가 대답했다. '올리브기름 백 말입니다.' 그가 다시 그 사람에게 말했다. '당신의 증서를 가지고 빨리 앉아 오십이라고 쓰시오!' 그런 후에 그가 다른 사람에게 말했다. '당신은 얼마나 빚졌는가?' 그 사람이 대답했다. '밀 백 석입니다.' 그가 그 사람에게 말했다. '당신의 증서를 가지고 팔십이라 쓰시오!' 그러자 그의 주인이 영민하게 행동했다는 것 때문에 정직하지 않은 그 관리인을 칭찬했다. 왜냐하면 이 시대의 자녀들이 빛의 자녀들보다 그들 자신의 세대를 다루는 데 있어서 더 영민하기 때문이다."

매우 다른 관점에서 이 비유의 정치적인 의미를 자세하게 살펴볼 필요가 있다. 관리인은 자신의 이익을 위해 그리고 주인의 이익에 반하여 빚(세금?) 기록들을 조작한다. 이런 조작은 긍정적으로 여겨지고

(눅 16:8), 그 관리인은 "촌락민들에게 환영을 받을 것"으로 예상된다.

마가복음 12:17("황제의 것은 황제에게, 하나님의 것은 하나님에게") 이 이런 주장을 지지하기 위해 언급되어야 하는지는 결정되지 않았다. 그것이 비록 세금 문제에 관한 선명하면서도 위험한 내용을 보여줄지라도 말이다. 누가복음 23:2에서 예수가 빌라도 앞에서 세금 포탈을 옹호한 것으로 고발당했다는 점("이 사람이 우리 민족을 미혹하여 우리로 하여금 황제에게 세금 바치는 것을 금하게 한 것을 우리가 보았다") 때문에, 증거가 복음서 저자들의 차원에서조차 선별적으로 보전되었을 수도 있다. 마태복음 17:26[M] 말씀("자녀들에게는 세금이 면제된다")도 주목할 만한 가치가 있다.

예수가 강도로 죽다

예수가 십자가에 처형당했다는 사실은 우리가 갖고 있는 가장 확실한 역사적 자료다. 물론 Q는 예수의 죽음에 대해 침묵하지만, 마가복음은 예수가 다른 두 명의 강도들(lēstai)과 함께 십자가에 처형당했음을 보도한다. 십자가는 치안을 방해하는 속주민들을 위해 만들어진 로마의 처벌 방법이었다.

타키투스의 『연대기』(Annals) 1.72-73은 다음과 같이 진술한다. "티베리우스는 반역죄를 위한 새로운 법을 추진했다. 이 법은 옛 시대에도 동일한 이름을 갖고 있었지만, 그것이 다루는 것은 다른 문제들—군대를 배신하거나 대중들을 선동하는 행위, 즉 로마인들의 위엄을 약화시키는 공적인 불법 행위들—이었다."[27]

유스티니아누스(Justinian)의 『학설휘찬』은 이런 행위들이 반역죄로 간주되었음을 보여준다. "사람들은 선동을 위한 목적으로 함께 모였다.…어떤 사람이…고의로 공적인 기록물에 허위로 기재하거나 인용하고…게다가 율리우스 법에서 반역에 관한 조항은 국가의 위엄을 해치는 사람은 기소할 책임이 있음을 보여준다.…악의를 가진 사람이 고의적으로 국가에 맞서서 행동할 것을 맹세하고…만약 어떤 사람이 율리우스 법의 다른 어떤 부분을 통해 반역죄로 고발당한다면 그는 죽음으로 자신의 죄에 대한 책임을 소멸시킨다."[28]

파울루스의 『의견록』(Opinions) 5.22-24은 사형(비록 로마 시민들만 "사형," 예를 들어 참수형을 받지만)에 해당하는 범죄는 다음과 같다고 말한다. "폭동의 선동자나 백성들을 현혹하는 자들은 그들의 사회 계급에 따라 십자가 처형을 당하거나 야생 맹수들에게 던져지거나 섬으로 추방된다.…미천한 사람들은…십자가 처형을 당하거나 야생 맹수들에게 던져진다."[29]

이 모든 것은 나사렛 예수가 기원후 약 30년에 로마인들의 위엄에 맞선 범죄(crimen maiestatis Romanorum, 로마인의 위엄을 해치는 범죄, 즉 이번 장에서 주장하는 것처럼 헤롯 안티파스가 다스리는 평민 지역 안에서 작동되는 로마 조세 체계를 전복하려는 음모를 꾸미는 범죄)를 저질렀기 때문에 십자가 처형을 당했다고 주장하는 역사적 근거를 제공한다.

---

27   Lewis & Reinhold, eds., *Roman Civilization*, 93에서 인용.
28   앞의 책, 30.
29   앞의 책, 548.

결론: 예수 전승 안에 있는 저항의 의미와 의미의 저항성

가장 이른 시기의 Q뿐만 아니라 다른 중요한 예수 자료 안에도 반영된 역사적 예수의 행위는 하나님의 위대한 통치의 이름으로 행하는 조세 제도의 전복을 의미했다. 예수가 행한 저항의 의미는 복음서 안에 나타난 후기 필사자들의 관심사들로 인해 사라지지 않았고, 그 결과 의미의 저항성(resistivity of meaning)은 그 전승 안에서 주목할 만한 특징이 되었다(그런 역사적 평가들에 대한 근대 이후의 의혹들을 감안할 때 말이다). 예수의 역사적 행위는 본질적으로 정치적인 것과 사회 재구성에 관한 것이었지 종교나 사상에 관한 것이 아니었다. 예수는 이스라엘의 전통과 관련해서는 보수주의자였다. 가말라의 유다처럼 예수는 이스라엘인들의 성서에서 기본적인 출애굽 주제들을 받아들였다. 가말라의 유다와 예수는 골란/갈릴리 상황의 구체적인 사회 문제들에 자신들의 이해를 적용하여 접근했다. 하지만 유다와 사독은 로마에 대한 폭력적인 저항을 옹호했다. 예수는 그런 점에서 제4철학의 추종자가 아니었다. 그러나 그는 하나님의 위대한 통치와 조세 저항을 위한 그것의 함축적 의미 그리고 굴종적인 부채 상황과 관련해서는 제4철학에 동의했다.

이런 결론의 명확성은 사회 과학의 도움을 받을 때만 가능해진다. 이것은 "환원주의"가 아니다. 그것이 지속되는 예수의 의미가 소멸되는 것을 의미한다고 할 때 말이다. 오히려 이런 결론은 하찮은 사람들의 관심들과 그들의 생존 윤리와 결부되어 있는 예수 사역의 가장 깊은 역사적 의미를 명확하게 밝혀준다. 독일의 이상주의나

시대착오적인 유럽-아메리카의 경험이란 측면에서 역사적 예수의 의미에 대한 토론을 계속하는 것은 엄청난 역사적 혼동을 초래한다. 제국과 식민지 현실에 대한 예수의 역사적 저항이 그의 전승들 안에 흔적을 남겼지만, 신약성서의 정경복음서가 예수의 초점을 사회 관계들에서 인간과 하나님의 관계로 옮겼다는 것 역시 사실이다. 이런 의미에서 신약성서는 일찍이 예수가 보인 저항의 의미를 모호하게 하는 데 일정 부분 기여했다.

결론

필요를 위한 경제인가,
탐욕을 위한 경제인가?

너희 하나님 여호와가 너희에게 준 땅 어느 성읍에 너희 공동체 구성원인 가난한 자가 너희와 함께 거주한다면, 그 가난한 이웃에게 마음을 강팍하게 하지 말고, 네 손을 움켜쥐지 말라. 너희는 반드시 너희의 손을 펴서 무엇이든지 그가 필요한 것을 충분히 빌려주라.

신명기 15:7-8

금융 부채는 종종 필요에서 비롯되지만, 글로벌 자본주의 아래서 행해지는 금융 투자는 대개 탐욕을 위해 수행된다. 앞에 나오는 장들은 부채를 완화하고 인간의 필요를 충족하기 위한 나사렛 예수의 깊은 관심사를 탐구했다. 이런 관심과 더불어 예수는 성서의 큰 주제 중 하나(경제 정의)와 공명했다.[1]

신명기와 레위기에 나오는 이스라엘 율법 전통들은 이스라엘의 "서민 경제"에 대한 관심사와 강조점들을 보여준다. 신명기 24:6은 (곡식을 빻기 위한) 맷돌을 저당잡는 일의 심각성에 관심을 기울인다. "왜냐하면 그것은 생명을 저당잡는 것이기 때문이다", "가난한 자의 빵은 가난한 자의 생명이고, 그래서 누구라도 빵을 가난한 사람들에게서 빼앗는 자는 살인자다"라는 집회서(34:24)의 표현과 비교해보라. 신명기 24:10-13은 대출을 위한 담보로 의복을 취하는 일은 채무자가 사용해야 할 필요를 침해하지 않도록 짧은 기간

---

1 최근 성서 안에 있는 경제 주제들을 다루는 훌륭한 내용들을 위해서는 Barrera, *Biblical Economic Ethics*를 보라. 이 책은 특히 Barrera가 경제학과 성서학의 박사학위를 모두 갖고 있다는 점에서 가치가 있다. 이 책의 서문에 있는 Graeber의 인용을 보라.

동안 이루어져야 함을 보여준다. 임금은 당일에 지급해야 한다(신 24:14-15). 이방인과 고아, 과부들의 정의는 거부될 수 없다(신 24:17-18). 곡식과 포도, 올리브를 수확하고 남은 것은 이방인과 고아와 과부가 모아가도록 남겨두어야 한다(신 24:19-22). 신명기 저자들은 이스라엘에게 이것은 그들이 이집트의 노예로부터 해방된 것과 일치한다는 점을 상기시킨다(24:22).

이 모든 점에서 볼 때, 신명기 15:7은 가난한 사람들이 존재할 거라는 사실을 인정하는 것이다("그러나 가난한 자가 없을 것이다"라는 신 15:4과 커다란 긴장 관계에 있다). 7년마다 실시되는 빚 면제 규정(신 15:1)은 만연한 농업 부채 문제와 그것을 바로잡기 위한 레위기 법의 노력을 보여준다. 고대 세계에서 농민 혁명의 슬로건은 종종 부채 탕감과 토지의 재분배였다.[2] 빚과 토지를 이용할 수 없다는 이 두 가지 문제가 농민들의 생계를 위협한다는 것은 쉽게 이해될 수 있다. 토지와 노동은 농민 생산자와 관련된 생산의 유일한 요소들이고, 노동은 실제로 생산자가 통제할 수 있는 유일한 요소다. 당연히 레위기에 나오는 제사장 법은 이상적인 희년 법과 함께 빚과 토지를 모두 고지한다. 희년은 토지의 재분배와 부채 노예의 해방을 꿈꾼다(레 25:10, 13, 25, 41). 그러나 외국인 노예는 이 해방과 상관없다(레 25:44-46). 이 법은 분명하게 내부자들만을 위한 것이다!

"이스라엘 평민"에 대해 관심을 보이는 이런 전승은 나사렛 예수에게 계속된다. 예수는 가진 자들과 가난한 자들을 연결하는 능력

---

2   Oakman, *The Political Aims of Jesus*, 102.

을 통해 하나님 나라의 효과적인 중개자로서의 명성을 얻었다.[3] 이런 연결은 양식의 해결이나 빚의 탕감일 수 있다(Q/눅 11:3-4). 결과적으로 그의 정치는 적절한 생계와 맘몬의 폭압에 초점이 맞추어져 있었다(Q/눅 6:20-21; L/눅 12:16-21; Q/눅 16.13. 집회서 5:1, 8을 보라). 예수가 순회 상인인 사마리아인에 대해 동정심을 갖고 말했다고 할 수 있지만, 상업이나 상업화를 인정했던 것으로 보이지는 않는다(Q/눅 19:12-26; 도마복음 64). 농경 사회의 상황에서 상업적 농업이나 무역은 일반 생산자를 더 많이 고용하는 자본을 제공할 수 있다.

로버트 벨라(Robert Bella)는 막스 베버(Max Weber)의 연구를 논하면서 예수의 윤리가 가족과 낯선 사람의 경계를 없애고(L/눅 10:30-35) 당시에 일반적으로 작동되었던 호혜성을 낯선 사람들에게 적용함으로써(Q/눅 6:32-36) "가족과 친구를 사랑하고 적들에게 해를 끼치는" 규범을 뒤집어버렸다는 견해를 제시했다. 벨라는 다음과 같이 썼다. "고대의 이웃 관계 윤리의 두 가지 원칙들에 발생한 일은 내부 집단과 외부 집단의 대조의 원칙을 포기하고, 호혜성의 원칙이 절대화된 것이다."[4]

예수에 대한 메시지가 시리아-팔레스타인에서 동부 로마 제국의 주요 도시들로 옮겨지면서 기독교 메시지의 전달자들이 순회 무역인과 상업인이 되는 역설적인 일이 일어났다. 그런 움직임 안에서 이루어진 경제적 태도의 변형은 부분적으로 돈과 관련해서 추적될

---

3   앞의 책, 70.
4   Robert N. Bella, "Max Weber and World-Denying Love: A Look at the Historical Sociology of Religion," *Journal of the American Academy of Religion* 67 (1999), 283.

수 있다. 예수가 하나님과 맘몬(대출금이나 보증금, 부동산)을 엄격하게 분리했지만, 후기 신약성서 저자들은 단순히 "돈을 사랑하는 것"에 대해 경고한다(딤전 3:3; 6:10; 딤후 3:2; 히 13:5. 눅 16:14과 집회서 5:10을 보라). 결국 그들은 일반적인 사업 과정에서 거래되는 돈을 취급해야 한다.[5] 이 모든 점에서 사도행전의 저자는 예루살렘의 예수 추종자들이 모든 것을 공유했다(행 2:44-45, 4:32-35)고 주장할 수 있었고, 복음서 이외에 신약성서에서 유일하게 나오는 예수의 말씀인 "주는 것이 받는 것보다 복되다"(행 20:35)라는 말씀을 인용할 수 있었다. 경제적 호혜성과 가족 공동체는 신약성서 시대의 가장 초기 기독교의 전형적인 특징이다. 이런 소책자를 통해 추적된 예수의 물질적인 관심은 필요를 위한 경제 이해와는 일치하지만, 빚이나 상업적 탐욕을 통한 인간의 착취에는 반대한다. 예수의 경제적 관심사와 가치관이 기독교 문화로 하여금 탐욕과 세계 자본주의 시대에 경제적 목표를 새롭게 규정하는 데 도움을 줄 수 있을까? 새로운 경제 정의 질서에 물을 공급하기 위해 인간이 가진 관심사의 더 깊은 샘을 발견할 수 있는 곳은 실제로 어디일까? 이것들은 21세기의 커다란 윤리 문제가 될 것이다.

---

5   Douglas E. Oakman, *The Political Aims of Jesus: Peasant Politics in Herodian Galilee*, 84-94, 114-18. 이런 대조에 관해서는 Friederick Hauck, ""Μαμωνας," *Theological Dictionary of the New Testament, edit.* Gerhard Kittel, tran. G. W. Bromiley (Grand Rapids: Eerdmans, 1967), 4:388-90을 보라.

참고문헌

Applebaum, Shimon. "Economic Life in Palestine." In *The Jewish People in the First Century: Historical Geography, Political History, Social, Cultural and Religious Life and Institutions,* edited by S. Safrai and M. Stern, 2:631-700. Compendia Rerum Iudaicarum Ad Novum Testamentum, section 1. Philadelphia: Fortress, 1976.

_____. "Judaea as a Roman Province; Countryside as a Political and Economic Factor." In *Aufstieg und Niedergang der römischen Welt,* II. 8:355-96. Berlin: de Gruyter, 1977.

Austin, M. M. and P. Vidal-Naquet. *Economic and Social History of Ancient Greece: An Introduction.* Berkeley: University of California Press, 1977.

Bagnall, Roger and Peter Derow. *Greek Historical Documents: The Hellenistic Period.* Sources for Biblical Study 16. Chico, CA: Scholars, 1981.

Bailey, Kenneth E. *Poet and Peasant: A Literary Cultural Approach to the Parables in Luke.* Grand Rapids: Eerdmans, 1976.

_____. *Through Peasant Eyes: More Lucan Parables, Their Culture and Style.* Grand Rapids: Eerdmans, 1980.

Bandstra, Andrew J. "The Original Form of the Lord's Prayer." *Calvin Theological Journal* 16 (1981) 15-37.

Barr, James. "Abba Isn't Daddy." *Journal of Theological Studies* 39 (1988) 28-47.

Barrera, Albino. *Biblical Economic Ethics: Sacred Scripture's Teachings on Economic Life.* Lanham, MD: Lexington, 2013.

_____. *Market Complicity and Christian Ethics.* Cambridge: Cambridge University Press, 2011.

Barrois, A. "Debt, Debtor." In *Interpreter's Dictionary of the Bible,* edited by George Arthur Buttrick, 1:809-10. Nashville: Abingdon, 1962.

Bauer, Walter. *A Greek English Lexicon of the New Testament and Other Early Christian Literature.* Translated by William F. Arndt, F. Wilbur Gingrich and Frederick W. Danker. 2nd ed. Chicago: University of Chicago Press, 1979.

Bauer, Walter and Frederick W. Danker. *A Greek English Lexicon of the New*

Testament and Other Early Christian Literature. Based on Walter Bauer's Griechisch-deutsches Wörterbuch zu den Schriften des Neuen Testaments und der frühchristlichen Literatur, 6th ed., edited by Kurt Aland and Barbara Aland, with Viktor Reichmann and on previous English editions by William F. Arndt, F. Wilbur Gingrich, and Frederick W. Danker. 3rd ed. Chicago: University of Chicago Press, 2000.

Baumgardt, David. "Kaddish and the Lord's Prayer." *Jewish Bible Quarterly* (Dor LeDor) 19 (1991) 164-69.

Bellah, Robert N. "Max Weber and World-Denying Love: A Look at the Historical Sociology of Religion." *Journal of the American Academy of Religion* 67 (1999) 277-304.

Benoît, Pierre, Józef T. Milik and Roland de Vaux. *Les Grottes de Murabba at*. 2 vols. Discoveries in the Judean Desert 2. Oxford: Clarendon, 1961.

Betz, Hans Dieter. *The Sermon on the Mount*. Hermeneia. Minneapolis: Fortress, 1995.

Birnbaum, Philip. editor. *Daily Prayer Book*. New York: Hebrew Pub. Co., 1949.

Black, Matthew. *An Aramaic Approach to the Gospels and Acts*. 3rd ed. Reprinted, with an Introduction by Craig A. Evans. Peabody, MA: Hendrickson, 1998.

Blackman, Philip. *Mishnayoth*. 6 vols. London: Mishna Press, 1951-1955.

Blau, Ludwig. "Der Prosbol im Lichte der griechischen Papyri und der Rechtsgeschichte." In *Festschrift zum 50 jährige Bestehen der Franz-Josef-Landesrabbinerschule in Budapest*, edited by Ludwig Blau, 96-151. Budapest: Alexander Kohut Memorial Foundation, 1927.

Botha, F. J. "Recent Research on the Lord's Prayer." *Neotestamentica* 1 (1967) 42-50.

Brooke, George J. "The Lord's Prayer Interpreted through John and Paul." *Downside Review* 98 (1980) 298-311.

Brown, Francis, S. R. Driver and Charles A. Briggs. *A Hebrew and English Lexicon of the Old Testament*. London: Oxford University Press, 1907.

Brown, John Pairman. "Prometheus, the Servant of Yahweh, Jesus: Legitimation and Repression in the Heritage of Persian Imperialism." In *The Bible and the Politics of Exegesis*, edited by David Jobling, et al., 109-25. Cleveland: Pilgrim, 1991.

Brown, Peter. *Through the Eye of a Needle: Wealth, the Fall of Rome, and the Making of Christianity in the West, 350-550 AD*. Princeton: Princeton University Press, 2012.

Brueggemann, Walter. "Trajectories in Old Testament Literature and the

Sociology of Ancient Israel." *Journal of Biblical Literature* 98 (1979) 161-85.

Bruggen, Jacob van. "The Lord's Prayer and Textual Criticism." *Calvin Theological Journal* 17 (1981) 78-87.

Brunt, Peter. "Josephus on Social Conflicts in Roman Judaea." *Klio* 59 (1977) 149-53.

_____. *Social Conflicts in the Roman Republic.* New York: Norton, 1971.

Bultmann, Rudolf. *The Theology of the New Testament.* vol. 1. Translated by Kendrick Grobel. New York: Scribner, 1951. 『신약성서신학』(성광문화사 역간).

Carney, Thomas F. *The Economies of Antiquity: Controls, Gifts and Trade.* Lawrence, KS: Coronado, 1973.

_____. *The Shape of the Past: Models and Antiquity.* Lawrence, KS: Cornado, 1975.

Charlesworth, James H. editor. *The Old Testament Pseudepigrapha.* vol. 1, *Apocalyptic Literature and Testaments.* Garden City, NY: Doubleday, 1983.

_____. *The Old Testament Pseudepigrapha.* vol. 2, *Expansions of the "Old Testament" and Legends, Wisdom and Philosophical Literature, Prayers,Psalms, and Odes, Fragments of Lost Judeo-Hellenistic Works.* Garden City, NY: Doubleday, 1985.

Chen, Tim. "American Household Credit Card Debt Statistics: 2014." Online:http://www.nerdwallet.com/blog/credit-card-data/average-credit-card-debt- household.

Childe, V. Gordon. *What Happened in History?* With a New Foreword by Professor Grahame Clark. Harmondsworth, UK: Penguin, 1964.

Chilton, Bruce. *The Temple of Jesus: His Sacrificial Program within a Cultural History of Sacrifice.* University Park: Pennsylvania State University Press, 1992.

Christian, David. *This Fleeting World: A Short History of Humanity.* Great Barrington, MA: Berkshire, 2008.

Cicero, Marcus Tullius. *De officiis.* Translated by Walter Miller. Loeb Classical Library. Cambridge: Harvard University Press, 1956. 『키케로의 의무론』(서광사 역간).

Clark, Colin and Maurine Haswell. *The Economics of Subsistence Agriculture.* 4th ed. New York: St. Martin's, 1970.

Collins, John J. "Early Jewish Apocalypticism." In *The Anchor Bible Dictionary*, edited by David Noel Freedman, 1:282-88. New York: Doubleday, 1992.

Coote, Robert B. and Mary P. Coote. *Power, Politics, and the Making of the Bible: An Introduction.* Minneapolis: Fortress, 1990.

Correns, Dietrich. *Schebiit. Vom Sabbatjahr: Text, Übersetzung und Erklärung.* Die Mischna: Text Übersetzung und ausführliche Erklärung. Berlin: Töpelmann, 1960.

Cox, Harvey. "The Market Is God: Living in the New Dispensation." The Atlantic March 1999, 18. Online: http:// www.theatlantic.com/magazine/archive/ 1999/03/the-market-as-god/306397/?single_page=true.

Cross, Frank M. "Reconstruction of the Judean Restoration." *Journal of Biblical Literature* 94 (1975) 4-18.

Crossan, John Dominic. *The Birth of Christianity: Discovering What Happened in the Years Immediately after the Execution of Jesus.* San Francisco: HarperSanFrancisco, 1998.

_____. *The Greatest Prayer: Rediscovering the Revolutionary Message of the Lord's Prayer.* San Francisco: HarperOne, 2011.

_____. *The Historical Jesus: The Life of a Mediterranean Jewish Peasant.* San Francisco: HarperSanFrancisco, 1991. 『역사적 예수』(한국기독교연구소 역간).

Cyster, R. F. "The Lord's Prayer and the Exodus Tradition." *Theology* 64 (1961) 377-81.

Dalman, Gustaf. *The Words of Jesus.* Translated by D. M. Kay. Edinburgh: T. & T. Clark, 1902.

_____. *Die Worte Jesu.* 2nd ed. Leipzig: Hinrichs, 1930.

Daly, Herman and John B. Cobb, Jr. *For the Common Good: Redirecting the Economy toward Community, the Environment, and a Sustainable Future.* 2nd ed. Boston: Beacon, 1994.

Danby, Herbert. *The Mishnah: Translated from the Hebrew with Introduction and Brief Explanatory Notes.* Oxford: Oxford University Press, 1933.

Davies, W. D. and Dale C. Allison. "Excursus: The Lord's Prayer: Matthew 6.9-13 = Luke 11.2-4." In *Matthew*, 590-617. International Critical Commentary. Edinburgh: T. & T. Clark, 1988.

Deissmann, Adolf. *Bible Studies.* Translated by Alexander Grieve. 1909. Reprinted, Winona Lake, IN: Alpha, 1979.

_____. *Light From the Ancient East: The New Testament Illustrated by Recently Discovered Texts from the Graeco-Roman World.* Rev. ed. Translated by L. R. M. Strachan. 1927. Reprinted, Eugene, Or: Wipf & Stock, 2004.

Derrett, J. Duncan M. "Law in the New Testament: The Parable of the Unjust

Judge." *New Testament Studies* 18 (1971) 178-91.

de Ste. Croix, G. E. M. *The Class Struggle in the Ancient Greek World: From the Archaic Age to the Arab Conquests.* Ithaca, NY: Cornell University, 1981.

Dodd, C. H. *The Parables of the Kingdom.* Rev. ed. New York: Scribner, 1961.

Donahue, John. "Tax Collectors and Sinners: An Attempt at an Identification." *Catholic Biblical Quarterly* 33 (1971) 39-61.

Duling, Dennis C. *The New Testament: History, Literature, and Social Context.* 4th ed. Belmont, CA: Wadsworth/Thomson, 2003.

_____. and Norman Perrin. *The New Testament: Proclamation and Parenesis, Myth and History.* 3rd ed. Fort Worth, TX: Harcourt Brace College, 1994.

Dyck, Bruno. *Management and the Gospel: Luke's Radical Message for the First and Twenty-First Centuries.* New York: Palgrave Macmillan, 2013.

Eissfeldt, Otto. *The Old Testament: An Introduction.* Translated by Peter R. Ackroyd. Harper & Row, 1965.

Elliott, John H. "Jesus the Israelite was Neither a 'Jew' nor a 'Christian': On Correcting Misleading Nomenclature." *Journal for the Study of the Historical Jesus* 5.2 (2007) 119-54.

_____. *What Is Social-Scientific Criticism?* Guides to Biblical Scholarship. Minneapolis: Fortress, 1993.

Eusebius. *Ecclesiastical History.* Translated by Kirsopp Lake and J. E. L. Oulton. Loeb Classical Library. Cambridge: Harvard University Press, 1973-1975.

Fiensy, David A. *Christian Origins and the Ancient Economy.* Eugene, Or: Cascade Books, 2014.

Finley, Moses I. *The Ancient Economy.* Sather Classical Lectures 43. Berkeley: University of California Press, 1973.

Fitzmyer, Joseph A. *The Gospel according to Luke.* 2 vols. AB 28, 28A. Garden City, NY: Doubleday, 1981-1985.

Foerster, W. "ἐπιούσιος." In *Theological Dictionary of the New Testament,* edited by Gerhard Kittel, 2:590-99. Translated by Geoffrey W. Bromiley. Grand Rapids: Eerdmans, 1964.

Francis, Pope. *Apostolic Exhortation Evangelii Gaudium, Of the Holy Father Francis to the Bishops, Clergy, Consecrated Persons and the Lay Faithful on the Proclamation of the Gospel in Today's World.* Rome: Libreria Editrice Vaticana, 2013.

Freedman, H. and Maurice Simon, eds. *Midrash Rabbah.* New York: Soncino, 1939. 『복음의 기쁨』(BCK 역간).

Freyne, Seán. *Galilee from Alexander the Great to Hadrian 323 B.C.E. to 135 C.E.*

Wilmington, DE: Michael Glazier, 1980.

Frizzell, Sam. "Americans Are Taking on Debt at Scary High Rates." Time, 19 Feb. 2014.Online:http://time.com/8740/federal-reserve-debt-bankrate-consumers- credit-card.

Furnish, Victor Paul. *Theology and Ethics in Paul.* Nashville: Abingdon, 1968.

Ginzberg, E. *Studies in the Economics of the Bible.* Philadelphia: Jewish Publication Society, 1932.

Glatzer, Nahum, editor. *The Passover Haggadah with English Translation Introduction and Commentary.* Based on the Commentaries of E. D. Goldschmidt. 3rd ed. New York: Schocken, 1979.

Goodman, Martin. "The First Jewish Revolt: Social Conflict and the Problem of Debt." *Journal of Jewish Studies* 33 (1982) 417-27.

_____. *State and Society in Roman Galilee, A.D. 132-212.* Totowa, NJ: Rowman & Allanheld, 1983.

Goodspeed, Edgar J. *As I Remember.* New York: Harper, 1953.

Gouldner, Alvin. "The Norm of Reciprocity." In *Friends, Followers, and Factions: A Reader in Political Clientelism,* edited by Steffen W. Schmidt et al., 28-43. Berkeley: University of California, 1977.

Graeber, David. *Debt: The First 5,000 Years.* Brooklyn: Melville, 2011.

Grant, Frederick C. *The Economic Background of the Gospels.* 1926. Reprinted, New York: Russell & Russell, 1973.

Hamel, Gildas. *Poverty and Charity in Roman Palestine, First Three Centuries C.E.* Near Eastern Studies 23. Berkeley: University of California Press, 1990.

Hanson, K. C. "The Economy of Galilean Fishing and the Jesus Tradition." *Biblical Theology Bulletin* 27 (1997) 99-111.

_____. "'How Honorable!' 'How Shameful!' A Cultural Analysis of Matthew's Makarisms and Reproaches." *Semeia* 68 (1994[96]) 81-111.

_____. "Jesus and the Social Bandits." In *The Social Setting of Jesus and the Gospels,* edited by Wolfgang Stegemann, Bruce J. Malina, and Gerd Theissen, 283-300. Minneapolis: Fortress, 2002.

_____. and Douglas E. Oakman. *Palestine in the Time of Jesus: Social Structures and Social Conflicts.* 2nd ed. Minneapolis: Fortress, 2008.

Hauck, Friederich. "Μαμωνας." In *Theological Dictionary of the New Testament,* edited by Gerhard Kittel and translated by G. W. Bromiley, 4:388-90. Grand Rapids: Eerdmans, 1967.

_____. "οφειλω." In *Theological Dictionary of the New Testament,* edited by Gerhard Friedrich and translated by G. W. Bromiley, 5:559-66. Grand

Rapids: Eerdmans, 1967.

Hemer, Colin J. "Epiousios." *Journal for the Study of the New Testament* 22 (1984) 81-94.

Herzog, William R. II. *Jesus, Justice, and the Reign of God a Ministry of Liberation.* Louisville: Westminster John Knox, 2000.

Horsley, Richard A. "Jesus, Itinerant Cynic or Israelite Prophet?" In *Images of Jesus Today,* edited by James H. Charlesworth and W. P. Weaver, 68-97. ValleyForge, Pa: Trinity, 1994.

_____. and John S. Hanson. *Bandits, Prophets, and Messiahs: Popular Movements at the Time of Jesus.* San Francisco: Harper & Row, 1985.

Houlden, J. L. "The Lord's Prayer." In *The Anchor Bible Dictionary,* edited by David Noel Freedman, 4:356-62. New York: Doubleday, 1992.

Hunt, A. and C. Edgar. *Select Papyri.* vol. 2: *Non-literary Papyri.* Loeb Classical Library. Cambridge: Harvard University Press, 1956.

Jacobson, Arland D. *The First Gospel: An Introduction to Q.* 1992. Reprinted, Eugene, Or: Wipf & Stock, 2005.

Jastrow, Marcus. *Dictionary of the Targumim, the Talmud Babli and Yerushalmi, and the Midrashic Literature.* 2 vols. 1903. Reprinted, New York: Pardes, 1950.

Jenkins, Philip. "The Next Christianity." *The Atlantic* 10 (2002). Online: http://www.theatlantic.com/past/docs/issues/2002/10/jenkins.htm.

Jeremias, Joachim. "Ηλ(ε)ιας." In *Theological Dictionary of the New Testament,* edited by Gerhard Kittel, 2:928-41. Grand Rapids: Eerdmans, 1964.

_____. *Jerusalem in the Time of Jesus.* Translated by F. H. Cave and C. H. Cave. Philadelphia: Fortress, 1969.

_____. *The Lord's Prayer.* Translated by John Reumann. Philadelphia: Fortress, 1980.

_____. "The Lord's Prayer in Modern Research." *Expository Times* 71 (1960) 141-46.

_____. *New Testament Theology.* vol. 1: *The Proclamation of Jesus.* Translated by John Bowden. New York: Scribner, 1971.

_____. *The Parables of Jesus.* Translated by S. H. Hooke. 2nd ed. New York: Scribner, 1972.

_____. *The Prayers of Jesus.* Studies in Biblical Theology 2/6. Naperville, IL: Allenson, 1967.

Jones, A. H. M. "Taxation in Antiquity." In *The Roman Economy; Studies in Ancient Economic and Administrative History,* edited by P. A. Brunt, 151-

85. Oxford: Blackwell, 1974.

Josephus. *Josephus in Nine Volumes.* Translated by H. St. J. Thackeray, Louis H. Feldman et al. Loeb Classical Library. Cambridge: Harvard University Press, 1976.

Kelly, J. N. D. *Early Christian Creeds.* London: Longman, 1972.

Kiley, Mark. "The Lord's Prayer and Other Prayer Texts from the Greco-Roman Era: A Bibliography." In *The Lord's Prayer and Other Prayer Texts from the Greco-Roman Era,* edited by James H. Charlesworth et al., 101-257. Valley Forge, Pa: Trinity, 1994.

Kippenberg, Hans von. *Religion und Klassenbildung ım Antiken Judäa.* Studien zur Umwelt des Neuen Testaments 14. Göttingen: Vandenhoeck & Ruprecht, 1978.

Klausner, Joseph. *Jesus of Nazareth: His Life, Times, and Teaching.* Translated by Herbert Danby. New York: Macmillan, 1925.

Kloppenborg (Verbin), John S. *Excavating Q: The History and Setting of the Sayings Gospel.* Minneapolis: Fortress, 2000.

_____. *The Formation of Q: Trajectories in Ancient Wisdom Collection: With a New Preface.* Studies in Antiquity and Christianity. Harrisburg, Pa: Trinity, 1999.

_____. "Literary Convention, Self-Evidence and the Social History of the Q People." *Semeia* 55 (1992) 77-102.

_____. *Q Parallels: Synopsis, Critical Notes, and Concordance.* Foundations and Facets. Sonoma, CA: Polebridge, 1988.

_____. "The Sayings Gospel Q: Recent Opinion on the People Behind the Document." *Currents in Research: Biblical Studies* 1 (1993) 9-34.

Koffmahn, Elisabeth. *Die Doppelurkunden aus der Wüste Juda: Recht und Praxis der jüdischen Papyri des 1. und 2. Jahrhunderts n. Chr. samt Übertragung der Texte und deutscher Übersetzung.* Studies on the Texts of the Desert of Judah 5. Leiden: Brill, 1968.

Krentz, Edgar. "Epideiktik and Hymnody: The New Testament and Its World." *Biblical Research* 40 (1995) 50-97.

Lachs, Samuel Tobias. "The Lord's Prayer." In *A Rabbinic Commentary on the New Testament,* 117-24. Hoboken, NJ: Ktav, 1987.

Lenski, Gerhard E. *Power and Privilege: A Theory of Social Stratification.* New York: McGraw-Hill, 1966.

Lewis, Naphtali. *Life in Egypt under Roman Rule.* Oxford: Clarendon, 1983.

_____. and Meyer Reinhold, editors. *Roman Civilization: SelectedReadings.* vol.

2, *The Empire*. New York: Columbia University Press, 1955.

Liddell, H., R. Scott and H. Jones. *A Greek English Lexicon with A Supplement*. Oxford: Clarendon, 1968.

Lightfoot, John. *A Commentary on the New Testament from the Talmud and Hebraica*. 4 vols. 1859. Reprinted, Grand Rapids: Baker, 1979.

MacMullen, Ramsay. *Roman Social Relations: 50 B.C. to A.D. 284*. New Haven: Yale University Press, 1974.

Malina, Bruce J. "Interpretation: Reading, Abduction, Metaphor." In *The Bible and the Politics of Exegesis: Essays in Honor of Norman K. Gottwald on His Sixty-Fifth Birthday*, edited by David Jobling, Peggy L. Day and Gerald T. Sheppard, 253-66. Cleveland: Pilgrim, 1991.

_____. *The New Testament World: Insights from Cultural Anthropology*. 3rd ed. Louisville: Westminster John Knox, 2001.

_____. "'Religion' in the World of Paul." *Biblical Theology Bulletin* 16 (1986) 92-101.

_____. *The Social World of Jesus and the Gospels*. London: Routledge, 1996.

Manson, T. W. *The Sayings of Jesus*. London: SCM, 1949.

Martínez, Florentino García. T*he Dead Sea Scrolls Translated: The Qumran Texts in English*. Translated by Wilfred G. E. Watson. 2nd ed. Leiden: Brill, 1996.

McCane, Byron R. "'Let the Dead Bury Their Own Dead': Secondary Burial and Matt 8:21-22." *Harvard Theological Review* 83 (1990) 31-43.

Meier, John P. *A Marginal Jew: Rethinking the Historical Jesus*. vol. 2: *Mentor, Message, and Miracles*. Anchor Bible Reference Library. New York: Doubleday, 1994.

Metzger, Bruce M. *A Textual Commentary on the Greek New Testament: A Companion Volume to the United Bible Societies' Greek New Testament*. 3rd ed. London: United Bible Societies, 1975. 『신약 그리스어 본문 주석』(대한성서공회 역간).

Miller, Stuart S. *Studies in the History and Traditions of Sepphoris*. Studies in Judaism in Late Antiquity 37. Leiden: Brill, 1984.

Moor, Johannes C. de. "The Reconstruction of the Aramaic Original of the Lord's Prayer." In *The Structural Analysis of Biblical and Canaanite Poetry*, edited by W. van der Meer and J. C. de Moor, 397-422. JSOtSup 74. Sheffield: JSOt Press, 1988.

Moulton, James H. and Wilbert F. Howard. *A Grammar of the New Testament Greek*. vol. 2, *Accidence and Word Formation, with an Appendix on Semitisms in the New Testament*. Edinburgh: T. & T. Clark, 1920.

Moulton, James H., and George Milligan. *The Vocabulary of the Greek Testament*. 1930. Reprinted, Grand Rapids: Eerdmans, 1985.

Neusner, Jacob. *From Politics to Piety: The Emergence of Pharisaic Judaism*. 1973. Reprinted, Eugene, Or: Wipf & Stock, 2003.

Neyrey, Jerome H. "My Lord and My God": The Divinity of Jesus in John's Gospel." In *Society of Biblical Literature Seminar Papers*, ed. Kent Harold Richards, vol. 25, 152-71. Atlanta: Scholars Press, 1986.

_____. *Render to God: New Testament Understandings of the Divine*. Minneapolis: Fortress, 2004.

_____. ed. *The Social World of Luke-Acts: Models for Interpretation*. Peabody, MA: Hendrickson, 1991.

Nicholas, Barry. *An Introduction to Roman Law*. Clarendon Law Series. Oxford: Clarendon, 1962.

Oakman, Douglas E. "The Ancient Economy." In *The Social Sciences and New Testament Interpretation*, edited by Richard L. Rohrbaugh, 126-43. Peabody, MA: Hendrickson, 1996. Reprinted in Oakman, *Jesus and the Peasants*, 53-69.

_____. "The Archaeology of First-Century Galilee and the Social Interpretation of the Historical Jesus." In *Society of Biblical Literature 1994 Seminar Papers*, edited by Eugene H. Lovering, Jr., 220-51. Atlanta: Scholars, 1994. Reprinted in Oakman, *Jesus and the Peasants*, 245-79.

_____. "BTB Readers Guide: The Ancient Economy in the Bible." *Biblical Theology Bulletin* 21 (1991) 34-39.

_____. "Economics of Palestine." In *Dictionary of New Testament Background*, edited by Craig A. Evans and Stanley E. Porter, 303-8. InterVarsity, 2000.

_____. "Galilee." In *The Eerdmans Dictionary of the Bible*, edited by David Noel Freedman, 478-80. Grand Rapids: Eerdmans, 2000.

_____. "Jesus and Agrarian Palestine: The Factor of Debt." In *Society of Biblical Literature 1985 Seminar Papers*, edited by Kent Harold Richards, 57-73. Atlanta: Scholars, 1985. Reprinted in Oakman, *Jesus and the Peasants*, 11-32. Revised version is chapter 1 in this volume.

_____. *Jesus and the Economic Questions of His Day*. Studies in the Bible and Early Christianity 8. Lewiston, NY: Mellen, 1986.

_____. *Jesus and the Peasants*. Matrix: The Bible in Ancient Mediterranean Context 4. Eugene, Or: Cascade Books, 2008.

_____. "The Lord's Prayer in Social Perspective." In *Authenticating the Words of Jesus*, edited by Bruce Chilton and Craig A. Evans, 137-86. NTtS 28.1. Leiden: Brill, 1999. Reprinted in Oakman, *Jesus and the Peasants*, 199-

242. Revised version is chapter 2 in this volume.

_____. "Models and Archaeology in the Social Interpretation of Jesus." In *Social-Scientific Models for Interpreting the Bible: Essays by the Context Group in Honor of Bruce J. Malina*, edited by John J. Pilch, 102-31. Biblical Interpretation Series 53. Leiden: Brill, 2001. Reprinted in Oakman, *Jesus and the Peasants*, 245-79.

_____. *The Political Aims of Jesus: Peasant Politics in Herodian Galilee.* Minneapolis: Fortress, 2012.

_____. "The Radical Jesus: You Cannot Serve God and Mammon." *Biblical Theology Bulletin* 34 (2004) 122-29.

_____. "Rulers' Houses, Thieves, and Usurpers: The Beelzebul Pericope." *Forum* 4.3 (1988) 109-23. Reprinted in Oakman, *Jesus and the Peasants*, 118-31.

_____. "Was Jesus a Peasant? Implications for Reading the Samaritan Story (Luke 10:30-35)." *Biblical Theology Bulletin* 22 (1992) 117-25. Reprinted in Oakman, *Jesus and the Peasants*, 164-80.

Oxfam. Working for the Few: Political Capture and Economic Inequality. Oxford: Oxfam GB, 2014. Online: http://www.oxfam.org/sites/www. oxfam.org/files/ bp-working-for-few-political-capture-economic-inequality-200114-en.pdf.

Perrin, Norman. *Rediscovering the Teaching of Jesus.* New York: Harper & Row, 1976.

Piketty, Thomas. *Capital in the Twenty-first Century.* Translated by Arthur Goldhammer. Cambridge, MA: Belnap, 2013. 『21세기 자본』(글항아리 역간).

Pilch, John J. *The Cultural Dictionary of the Bible.* Collegeville, MN: Liturgical, 1999. Polanyi, Karl. The Great Transformation: The Political and Economic Origins of Our Time. Boston: Beacon, 1957.

_____. *The Livelihood of Man.* Edited by Harry W. Pearson. Studies in Social Discontinuity. New York: Academic, 1977.

Preisigke, Friedrich. *Fachwörter des öffentlichen Verwaltungsdienstes Ägyptens in den griechischen Papyrusurkunden der ptolemäisch-römischen Zeit.* Göttingen: Vandenhoeck & Ruprecht, 1915.

Priene Inscription, Greek text and translation by Frank Finn. Online:http://www. artsci.wustl.edu/~fkflinn/Priene%20Inscription.html

Pritchard, James B. *The Ancient Near Eastern Texts Relating to the Old Testament.* 3rd ed. Princeton: Princeton University Press, 1969.

Randerson, James. "World's Richest 1% Own 40% of All Wealth, UN Report Discovers." The Guardian 6 December 2006. Online: http://www.

guardian.co.uk/ money/2006/dec/06/business.internationalnews.

Redfield, Robert. "The Social Organization of Tradition." In *The Little Community and Peasant Society and Culture*, 40-59. Chicago: Phoenix Books, 1960.

Riesner, Rainer. "Bethany beyond the Jordan." In *The Anchor Bible Dictionary*, edited by David Noel Freedman, 1:703-5. New York: Doubleday, 1992.

Robbins, Vernon K. *Exploring the Texture of Texts: A Guide to Socio-Rhetorical Interpretation*. Valley Forge, Pa: Trinity, 1996.

Robertson, R. G. "Ezekiel the Tragedian." In *The Old Testament Pseudepigrapha*, edited by James H. Charlesworth, vol. 2: *Expansions of the "Old Testament" and Legends, Wisdom and Philosophical Literature, Prayers, Psalms and Odes, Fragments of Lost Judeo-Hellenistic Works*. Garden City, NY: Doubleday, 1985.

Robinson, James M., Paul Hoffmann and John S. Kloppenborg. *The Critical Edition of Q*. Hermeneia Supplements. Minneapolis: Fortress, 2000.

Rostovtzeff, Michael. *The Social and Economic History of the Hellenistic World*. 3 vols. Oxford: Clarendon, 1941.

_____. *The Social and Economic History of the Roman Empire*. 2 vols. Oxford: Clarendon, 1957.

Sandel, Michael J. "What Isn't for Sale." The Atlantic, April 2012. Online: http://.www.theatlantic.com/magazine/archive/2012/04/what-isnt-for-sale/308902

_____. *What Money Can't Buy: The Moral Limits of Markets*. New York: Farrar, Straus & Giroux, 2012.

Sanders, E. P. *The Historical Figure of Jesus*. London: Penguin, 1993.

Schottroff, Luise, and Wolfgang Stegemann. *Jesus and the Hope of the Poor*. Translated by Michael J. O'Connell. Maryknoll, NY: Orbis, 1986.

Schrenk, Gottlob. "Βουλομαι." In *Theological Dictionary of the New Testament*, edited by Gerhard Kittel, 1:629-37. Translated by Geoffrey W. Bromiley. Grand Rapids: Eerdmans, 1964.

_____. "θελημα." In *Theological Dictionary of the New Testament*, edited by Gerhard Kittel, 3:52-62. Translated by Geoffrey W. Bromiley. Grand Rapids: Eerdmans, 1965.

Scott, James C. *Weapons of the Weak: Everyday Forms of Peasant Resistance*. New Haven: Yale University Press, 1985.

Scott, S. P. *The Civil Law, Including the Twelve Tables, the Institutes of Gaius, the Rules of Ulpian, the Opinions of Paulus, the Enactments of Justinian, and the Constitutions of Leo*. Translated from the original Latin, edited, and compared with all accessible systems of jurisprudence ancient and modern. Cincinnati: Central Trust, 1932.

Seesemann, H. "πειρα." In *Theological Dictionary of the New Testament*, edited by Gerhard Friedrich, 6:23-36. Translated by Geoffrey W. Bromiley. Grand Rapids: Eerdmans, 1968.

Sherwin-White, A. N. *Roman Society and Roman Law in the New Testament*. The Sarum Lectures 1960-1961. Grand Rapids: Baker, 1963.

Smith, B. T. D. "Lord's Prayer." In *Interpreter's Dictionary of the Bible*, edited by George Arthur Buttrick, 3:155. Nashville: Abingdon, 1962.

_____. *The Parables of the Synoptic Gospels: A Critical Study*. Cambridge: Cambridge University Press, 1937.

Smith, Dan. *The Penguin State of the World Atlas*. 8th ed. New York: Penguin, 2008.

Stählin, Gustav. "χηρα." In *Theological Dictionary of the New Testament*, edited by Gerhard Kittel and Gerhard Friedrich, 9:440-65. Grand Rapids: Eerdmans, 1974.

Stegemann, Ekkehard S. and Wolfgang Stegemann. *The Jesus Movement: A Social History of Its First Century*. Translated by O. C. Dean Jr. Minneapolis: Fortress, 1999.

Stegemann, Wolfgang. *The Gospel and the Poor*. Translated by Dietlinde Elliott. Philadelphia: Fortress, 1984.

Stendahl, Krister. "Matthew." In *Peake's Commentary on the Bible*, edited by Matthew Black and H. H. Rowley. London: Nelson, 1962.

Strack, Hermann L., and Paul Billerbeck. *Kommentar zum Neuen Testament aus Talmud und Midrasch*. 6 vols. 9th ed. Munich: Beck, 1986.

Tacitus, Cornelius. *The Histories; The Annals*. Translated by C. H. Moore and J. Jackson. 4 vols. Loeb Classical Library. Cambridge: Harvard University Press, 1925-1937. 『타키투스 연대기』(범우 역간).

Taussig, Hal. "The Lord's Prayer." *Forum* 4.4 (1988) 25-41.

Theissen, Gerd. *The Gospels in Context: Social and Political History in the Synoptic Tradition*. Translated by Linda M. Maloney. Minneapolis: Fortress, 1991.

_____. *Sociology of Early Palestinian Christianity*. Translated by John Bowden. Philadelphia: Fortress, 1978.

Thucydides. *The History of the Peloponnesian War*. Translated by Richard Crawley. Revised by R. Feetham. In *Herodotus, Thucydides*. Edited by Robert Maynard Hutchins, 6:349-593. The Great Books of the Western World. Chicago: Encyclopaedia Britannica, 1952. 『펠레폰네소스 전쟁사』(숲 역

간).

Tillich, Paul. *The Protestant Era.* Translated by James Luther Adams. Chicago: Phoenix, 1957.

_____. *The Socialist Decision.* Translated by Franklin Sherman. 1977. Reprinted, Eugene, Or: Wipf & Stock, 2012.

Torvend, Samuel. *Luther and the Hungry Poor: Gathered Fragments.* Minneapolis: Fortress, 2008.

Turner, Nicholas. *A Grammar of New Testament Greek.* Edinburgh: T. & T. Clark, 1963.

Udoh, Fabian Eugene. "Tribute and Taxes in Early Roman Palestine (63 BCE- 70 CE): The Evidence from Josephus." Ph.D. dissertation, Duke University, 1996.

_____. *To Caesar What Is Caesar's: Tribute, Taxes and Imperial Administration in Early Roman Palestine (63 B.C.E.-70 C.E.).* Brown Judaic Studies 343. Providence, RI: Brown Judaic Studies, 2005.

Viviano, Benedict T. "The Gospel according to Matthew." In *The New Jerome Biblical Commentary,* edited by Raymond E. Brown, Joseph A. Fitzmyer and Roland E. Murphy, 630-74. Englewood Cliffs, NJ: Prentice Hall, 1990.

Weber, Max. *Economy and Society.* 2 vols. Edited by Guenther Roth and Claus Wittich. Translated by Ephraim Fischoff. Berkeley: University of California Press, 1978.

_____. *The Sociology of Religion.* Introduction by Talcott Parsons. Translated by Ephraim Fischoff. Boston: Beacon, 1963.

Westcott, B. F. and F. J. A. Hort. *Introduction to the New Testament in the Original Greek, With Notes on Selected Readings.* New York: Harper, 1882.

Wolf, Eric R. "The Hacienda System and Agricultural Classes in San Jose, Puerto Rico." In *Social Inequality: Selected Readings,* edited by André Béteille, 172-90. Penguin Modern Sociology Readings. Baltimore: Penguin, 1969.

_____. *Peasants.* Foundations of Modern Anthropology Series. Englewood Cliffs, NJ: Prentice Hall, 1966.

Wright, Addison G. "The Widow's Mites: Praise or Lament?" *Catholic Biblical Quarterly* 44 (1982) 256-65.

Young, Brad. *The Jewish Background to the Lord's Prayer.* Austin, TX: Center for Judaic-Christian Studies, 1984.

Zahavy, Tzvee. *Studies in Jewish Prayer.* Studies in Judaism. Lanham, NY: University Press of America, 1990.

주기도문과 채무 경제의 전복
사회경제적으로 본 예수의 기도 연구

Copyright © 새물결플러스 **2021**

1쇄 발행 2021년 11월 29일

지은이	더글라스 E. 오크만
옮긴이	박흥용
펴낸이	김요한
펴낸곳	새물결플러스

편 집	왕희광 정인철 노재현 한바울 정혜인
	이형일 나유영 노동래 최호연
디자인	박인미 황진주 김은경
마케팅	박성민 이원혁
총 무	김명화 이성순
영 상	최정호 곽상원
아카데미	차상희

홈페이지	www.holywaveplus.com
이메일	hwpbooks@hwpbooks.com
출판등록	2008년 8월 21일 제2008-24호
주 소	(우) 04118 서울시 마포구 마포대로19길 33
전 화	02) 2652-3161
팩 스	02) 2652-3191

ISBN 979-11-6129-221-2 93230

책값은 뒤표지에 있습니다.